Los nodos lunares

Desvele los secretos de los Navagrahas, su carta natal, el karma, el Sol y la Luna en astrología y las doce casas del zodíaco

© Copyright 2025

Todos los derechos reservados. Ninguna parte de este libro puede ser reproducida de ninguna forma sin el permiso escrito del autor. Los revisores pueden citar breves pasajes en las reseñas.

Descargo de responsabilidad: Ninguna parte de esta publicación puede ser reproducida o transmitida de ninguna forma o por ningún medio, mecánico o electrónico, incluyendo fotocopias o grabaciones, o por ningún sistema de almacenamiento y recuperación de información, o transmitida por correo electrónico sin permiso escrito del editor.

Si bien se ha hecho todo lo posible por verificar la información proporcionada en esta publicación, ni el autor ni el editor asumen responsabilidad alguna por los errores, omisiones o interpretaciones contrarias al tema aquí tratado.

Este libro es solo para fines de entretenimiento. Las opiniones expresadas son únicamente las del autor y no deben tomarse como instrucciones u órdenes de expertos. El lector es responsable de sus propias acciones.

La adhesión a todas las leyes y regulaciones aplicables, incluyendo las leyes internacionales, federales, estatales y locales que rigen la concesión de licencias profesionales, las prácticas comerciales, la publicidad y todos los demás aspectos de la realización de negocios en los EE. UU., Canadá, Reino Unido o cualquier otra jurisdicción es responsabilidad exclusiva del comprador o del lector.

Ni el autor ni el editor asumen responsabilidad alguna en nombre del comprador o lector de estos materiales. Cualquier desaire percibido de cualquier individuo u organización es puramente involuntario.

Su regalo gratuito

¡Gracias por descargar este libro! Si desea aprender más acerca de varios temas de espiritualidad, entonces únase a la comunidad de Mari Silva y obtenga el MP3 de meditación guiada para despertar su tercer ojo. Este MP3 de meditación guiada está diseñado para abrir y fortalecer el tercer ojo para que pueda experimentar un estado superior de conciencia.

https://livetolearn.lpages.co/mari-silva-third-eye-meditation-mp3-spanish/

¡O escanee el código QR!

Table de contenidos

INTRODUCCIÓN 1
CAPÍTULO 1: LOS FUNDAMENTOS DE LA ASTROLOGÍA VÉDICA 2
CAPÍTULO 2: ¿QUÉ SON LOS NAVAGRAHAS? 23
CAPÍTULO 3: ¿QUÉ SON LOS NODOS LUNARES? 38
CAPÍTULO 4: RAHU Y KETU EN LOS SIGNOS DEL ZODÍACO 60
CAPÍTULO 5: RAHU Y KETU EN LAS DOCE CASAS 70
CAPÍTULO 6: LECCIONES KÁRMICAS 88
CAPÍTULO 7: EJEMPLOS DE CARTAS NATALES 99
CAPÍTULO 8: DESCODIFICACIÓN DE SU CARTA NATAL 107
CAPÍTULO 9: REMEDIOS ASTROLÓGICOS 131
CAPÍTULO EXTRA: GLOSARIO DE TÉRMINOS 145
CONCLUSIÓN 158
VEA MÁS LIBROS ESCRITOS POR MARI SILVA 159
SU REGALO GRATUITO 160
REFERENCIAS 161
FUENTES DE IMAGENES 164

Introducción

Si le gusta profundizar en la astrología, probablemente ya sepa todo lo que necesita saber sobre su carta astral. Conocerá su signo lunar, solar y ascendente, y probablemente lea su horóscopo a diario. ¿De qué otra forma sabrá lo que le deparará el día?

Aun así, por mucho conocimiento cósmico que tenga, probablemente sepa que todavía falta algo en su vida o que algo no resuena. Puede que haya nacido durante la estación de Tauro, pero se sienta más como un Aries. ¿Nació en la cúspide? Ésa podría ser una razón, pero hay otra; probablemente utiliza la astrología occidental cuando debería utilizar la astrología védica.

Esta guía le enseñará todo lo que necesita saber sobre la astrología védica y la función de los nodos lunares en su vida. Entenderá qué son Rahu y Ketu, cómo encajan en las 12 casas y en los signos del zodiaco, y también aprenderá a leer su carta astral según la astrología védica.

Le prometo que «Los nodos lunares» le enseñará mucho más que cualquier otro libro sobre el mismo tema. ¿Por qué? Porque está escrito en un inglés llano y sencillo, con explicaciones completas de todo y guías paso a paso cuando es necesario.

Siga leyendo si desea aprender más sobre astrología védica y sobre cómo los nodos lunares le afectan a usted y a su vida. Este es un viaje que disfrutará de verdad.

Capítulo 1: Los fundamentos de la astrología védica

La astrología moderna proviene de una palabra del griego antiguo, «astrología», que significa el estudio de las estrellas. Más concretamente, significa estudiar el movimiento de los planetas y las estrellas para ver su influencia sobre los acontecimientos en la Tierra, incluyendo cómo afectan a las personas individualmente. La astrología en todas sus múltiples formas se ha estudiado y practicado desde los inicios de la civilización humana, y este capítulo explorará una de esas formas: la astrología védica.

Orígenes de la astrología védica

Los humanos han estudiado la astrología védica desde antes de que se tuviera constancia de la historia. Por ejemplo, los antiguos indios utilizaban un sistema calendárico basado en el seguimiento preciso de la luna, los planetas y las estrellas, y el Mahabharata, una antigua epopeya india de más de 5000 años de antigüedad, incluye abundantes referencias a la astrología, incluyendo cálculos y signos. Sin embargo, la astrología no solo se utilizaba para determinar el destino y el carácter, sino también para la siembra y la cosecha, la planificación de festivales, bodas, etc.

En todo el mundo se utilizaba un sistema astrológico prácticamente igual al del antiguo sistema indio. El Imperio babilónico de los milenios III y II a. C. en Oriente Próximo ayudaba a predecir los grandes acontecimientos y las catástrofes naturales, mientras que el Imperio maya, del II milenio a. C., diseñaba sus templos en función de los movimientos planetarios.

Los mayas diseñaban sus templos basándose en los movimientos planetarios[i]

Sin embargo, un acontecimiento relacionado con la astrología destaca por encima de todos los demás: el nacimiento de Jesucristo. Tres astrólogos que miraban al cielo vieron una señal celeste que indicaba el nacimiento de un rey de reyes. Estudiando los cielos e interpretando con precisión las posiciones planetarias y estelares, determinaron cuándo y dónde nacería.

Hoy en día, la astrología es utilizada por muchas culturas diferentes para determinar las fechas de festivales y fiestas y el paso del tiempo. Muchas tradiciones, como el islam, el judaísmo y el hinduismo, utilizan un calendario lunar para determinar sus días sagrados.

Cómo funciona la astrología védica

Es justo decir que la astrología es una de las ciencias más sofisticadas y complejas. Los astrólogos utilizan siglos de conocimientos teóricos y aplicados para interpretar cómo se disponen las estrellas y los planetas para determinar acontecimientos específicos en la Tierra. El resto de este capítulo le proporcionará una visión general de los elementos astrológicos clave: los signos del zodiaco, las doce casas y los planetas. Este es solo un vistazo básico; aprenderá más sobre ellos a lo largo del resto del libro.

Los 12 signos del zodiaco

A pesar de ser un espacio tridimensional, todos los planetas del sistema solar orbitan a lo largo de un único plano: la eclíptica. A lo largo de esta órbita, cada planeta pasará también por las constelaciones. La astrología explica que doce signos o constelaciones dividen la órbita de 360 grados en 12 secciones de 30 grados cada una. Estas secciones son los signos del zodiaco.

Cada signo tiene su propio símbolo y una personalidad determinada por un conjunto de características específicas. Cada uno podría considerarse un tipo específico de entorno por el que pasan los planetas en su órbita. También debe saber que todos los signos están regidos por un planeta específico, por lo que cada planeta está «en casa» cuando pasa por su propio signo.

Veamos cada signo, sus regentes, símbolos y ámbitos:

SIGNO	REGENTE PLANETARIO	SIMBOLO	JEFE DE DOMINIO
Aries	Marte	♈ - El Borrego	Liderazgo Diversión Sentido de propósito Confianza en sí mismo Competencia
Tauro	Venus	♉ - El toro	Lealtad Reflexión Determinación Las artes Sensualidad
Géminis	Mercurio	♊ - Los Gemelos	Encanto Comunicación Imaginación Lógica Curiosidad
Cáncer	La Luna	♋ - El Cangrejo	Compasión Creatividad Sensibilidad Emociones Maternidad
Leo	El Sol	♌ - El León	Dignidad Ambición Poder Nobleza

SIGNO	REGENTE PLANETARIO	SIMBOLO	JEFE DE DOMINIO
			Autoridad
Virgo	Mercurio	♍ - La Virgen	Inteligencia Ingenio Modestia Cortesía Servicio
Libra	Venus	♎ - Las Balanzas	Justicia Equilibrio Estética Ética Optimismo
Escorpio	Marte	♏ - El Escorpión	Crítica Secretos Dureza Misterio Intensidad
Sagitario	Júpiter	♐ - El Arquero	Sabiduría Buena fortuna Espiritualidad Religión Virtud
Capricornio	Saturno	♑ - La Cabra	Filosofía Deliberación Obstinación Disciplina

SIGNO	REGENTE PLANETARIO	SIMBOLO	JEFE DE DOMINIO
			Escepticismo
Acuario	Saturno	♒ - El Portador de Agua	Justicia social Altruismo Idealismo Paciencia Renuncia
Piscis	Júpiter	♓ - Los Pesces	Profundidad Timidez Conocimiento Misticismo Belleza

Las doce casas

Así pues, ahora ya sabe que la órbita planetaria está dividida en 12 secciones, cada una un signo zodiacal específico. El cielo también está dividido en 12 - 6 en el cielo que puede ver y 6 en el cielo que no puede ver porque está al otro lado de la Tierra.

A diferencia de los signos que se mueven por el cielo nocturno, las 12 casas son fijas. En términos sencillos, la primera casa siempre empezará en el horizonte oriental y la séptima en el occidental, eso nunca cambia. Cada casa rige también una determinada parte de la vida humana:

Casa	Posición	Parte del Cuerpo	Dominio
Primera	Horizonte oriental a 30 grados por debajo	Cabeza	Aspecto físico Personalidad Carácter Longevidad Felicidad

Casa	Posición	Parte del Cuerpo	Dominio
Segunda	De 30 a 60 grados por debajo del horizonte oriental	Cara	Tradiciones Riqueza Educación Discurso Generosidad
Tercera	De 60 a 90 grados por debajo del horizonte oriental	Cuello Hombros Manos Brazos	Valor Hermanos Literatura Virtud Deportes
Cuarta	De 60 a 90 grados por debajo del horizonte occidental	Tórax Pulmones Corazón	Creencias Vehículos Inicio Patria La madre
Quinta	De 30 a 60 grados por debajo del horizonte occidental	Estómago	Creatividad Sabiduría Niños Éxito Inversiones
Sexta	Horizonte occidental a 30 grados por debajo	Intestinos Abdomen bajo	Miedo Enfermedad Deuda Servicio Enemigos

Casa	Posición	Parte del Cuerpo	Dominio
Séptima	Horizonte occidental a 30 grados por encima	Órganos sexuales internos Colon	Felicidad conyugal Cónyuge Deseo sexual Contratos Fidelidad
Octava	De 30 a 60 grados sobre el horizonte occidental	Ano Genitales	Escándalos Revoluciones Calamidades Ocultismo Tiempo/causa de la muerte
Novena	De 60 a 90 grados sobre el horizonte occidental	Muslos Caderas	Religión Piedad Moralidad Maestro espiritual Destino
Decima	De 60 a 90 grados sobre el horizonte oriental	Rodillas Espaldas	Carrera Rango El padre Autoridad Reputación
Undécima	De 30 a 60 grados sobre el horizonte oriental	Pantorrillas	Ingresos Ganancias Aspiraciones Mercados Comunidades

Casa	Posición	Parte del Cuerpo	Dominio
Duodécima	Horizonte oriental a 30 grados por encima	Pies	Desgracia Pérdidas Perdón El subconsciente Liberación

Los planetas

La palabra planeta tiene su origen en una palabra griega, «planetas», que significa el errante, lo que no es sorprendente, ya que los planetas viajan a un ritmo fijo a lo largo de una órbita definida en el espacio. La astrología explica que cada planeta tiene su propia personalidad y características. He aquí un resumen de cada planeta y sus características principales:

Planeta	Dia de la Semana	Velocidad de viaje a través del zodíaco	Portafolio
El Sol	Domingo	Un signo del zodiaco al mes	Gobiernos El alma El padre Prestigio Salud
La Luna	Lunes	Un signo del zodiaco cada 2 días y medio	Emociones Creatividad Felicidad La madre Agricultura La mente

Planeta	Dia de la Semana	Velocidad de viaje a través del zodíaco	Portafolio
Marte	Martes	Un signo del zodiaco cada 2 meses	Guerra Vitalidad Ira Valentía Oposición Enemigos
Mercurio	Miércoles	Un signo del zodiaco a la semana	Comunicación Intelecto Teatro Lógica Aprendizaje Literatura
Júpiter	Jueves	Un signo del zodiaco a la semana	Devoción Sabiduría Hijos El esposo Piedad Lugares sangrados
Venus	Viernes	Un signo del zodiaco cada dos semanas y media	Matrimonio Sensualidad La esposa Lujo Estética Música

Planeta	Dia de la Semana	Velocidad de viaje a través del zodíaco	Portafolio
Saturno	Sábado	Un signo del zodiaco cada 2 años y medio	Filosofía Obstáculos Impiedad Pobreza Longevidad Medios de vida
Rahu	Ninguno	Un signo del zodiaco cada año y medio	Hinchazón Serpientes Maldad Proscritos Falsos argumentos Viajando
Ketu	Ninguno	Un signo del zodiaco cada año y medio	Heridas Rendición Salvación Apatía Experiencias extracorpóreas Fiebre

Los 27 Nakshatras

Según la astrología védica, existen 27 nakshatras, pequeñas constelaciones de estrellas. La Luna recorre estas constelaciones cuando realiza su órbita alrededor de la Tierra. El término inglés para los nakshatras es «las mansiones lunares», Los astrólogos védicos estudian conjuntamente los nakshatras y los signos del zodiaco para averiguar detalles adicionales sobre nuestros rasgos innatos también se consideran esenciales en la Muhurtha (astrología electoral) para ayudar a determinar los momentos adecuados para los acontecimientos importantes de la vida.

Nakshatra	Planeta Gobernante	Signo Zodiacal	Símbolo
Ashwini	Ketu	Aries	Cabeza de caballo
Bharani	Venus	Aries	Órgano sexual femenino
Krittika	Sol	Aries - 1º trimestre Tauro - 2º, 3º y 4º trimestres	Llama o cuchillo
Rohini	Luna	Tauro	Templo o carreta de bueyes
Mrighashira	Marte	Géminis	Lágrima o cabeza humana
Ardra	Rahu	Aries	Cabeza de caballo
Punarvasu	Júpiter	Géminis - 1º, 2º, 3º trimestres Cáncer - 4º trimestre	Arco y carcaj
Pushya	Saturno	Cáncer	Círculo, loto o ubre de vaca
Ashlesha	Mercurio	Cáncer	Serpiente

Nakshatra	Planeta Gobernante	Signo Zodiacal	Símbolo
Magha	Ketu	Leo	Un trono o palanquín
Purva-phalguni	Venus	Leo	Hamaca
Uttara-phalguni	Sol	Leo - 1er trimestre Virgo - 2º, 3º, 4º trimestres	Cama
Hasta	Luna	Virgo	Mano
Chitra	Marte	Virgo - 1º, 2º trimestre Libra - 3º, 4º trimestre	Joya o perla
Swati	Rahu	Libra	Una brizna de hierba fresca
Vishakha	Júpiter	Libra - 1º, 2º, 3º trimestres Escorpio - 4º trimestre	Rueda de alfarero
Anuradha	Saturno	Escorpio	Flor de Lotus
Jyeshta	Mercurio	Escorpio	Sombrilla
Mula	Ketu	Sagitario	Raíces

Nakshatra	Planeta Gobernante	Signo Zodiacal	Símbolo
Purva-ashadha	Venus	Sagitario	Cesta de aventado
Uttara-ashadha	Sol	Sagitario - 1º trimestre Capricornio - 2º, 3º, 4º trimestres	Un colmillo de elefante
Shravana	Luna	Capricornio	Una oreja
Dhanishta	Marte	Capricornio - 1º, 2º trimestres Acuario - 3º, 4º trimestre	Un tambor
Shatabhisha	Rahu	Acuario	Circulo vacío
Purva-Bhadrapada	Júpiter	Acuario - 1º, 2º, 3º trimestres Piscis - 4º trimestre	Lecho funerario
Uttara-Bhadrapada	Saturno	Piscis	Una serpiente
Revati	Mercurio	Piscis	Un pez

Diferentes tipos de astrología védica

La astrología se utiliza para muchas cosas diferentes. Los occidentales están familiarizados con los horóscopos o las lecturas de la carta astral, pero hay otros tipos de lecturas que se utilizan para proporcionar información específica en determinadas circunstancias. Estos son los tipos más comunes de la astrología védica:

Lecturas del horóscopo

También conocidos como cartas natales, los horóscopos son mapas en 2D de las posiciones estelares y planetarias relativas a la Tierra en el momento del nacimiento de una persona. Se tienen en cuenta la longitud y la latitud del lugar de nacimiento y la hora exacta de nacimiento. Los horóscopos son herramientas poderosas; cuando se leen correctamente, predicen con precisión acontecimientos importantes de la vida, la personalidad, el momento de la muerte, vidas pasadas y mucho más para un individuo.

Compatibilidad de relaciones

Las lecturas de relaciones examinan los horóscopos de dos personas para determinar su compatibilidad. Suele utilizarse más durante el asesoramiento de pareja o la planificación del matrimonio. Sin embargo, también puede utilizarse para cualquier tipo de relación: padre/hijo, amigos, profesor/alumno, jefe/empleado, etc. Estas lecturas son esenciales para ayudar a identificar los puntos fuertes y/o débiles de una relación específica, proporcionando una buena perspectiva a las parejas que luchan por comprender el punto de vista de su pareja.

Muhurtha (Electiva)

Las lecturas electivas, aunque no se utilizan en Occidente, determinan el mejor momento para un acontecimiento importante. Las lecturas Muhurtha son útiles en las siguientes situaciones:

- Acontecimientos de la vida - ceremonias importantes, quedarse embarazada, bodas, etc.
- Grandes compras - casa nueva, coche nuevo, etc.
- Lanzamiento de nuevas aventuras financieras o de un negocio
- Viajes de larga distancia

Prashna (Horaria)

En la astrología Prashna, se elabora una carta astral en el momento exacto en que un individuo formula una pregunta. Esta carta se interpreta para proporcionar una respuesta concluyente y clara a esa pregunta concreta, que puede ser prácticamente sobre cualquier cosa. Sin embargo, el primer paso es verificar la sinceridad del que pregunta, significada por las cualidades y puntos fuertes del signo ascendente. La astrología horaria se utiliza habitualmente de las siguientes formas:

- Para encontrar un objeto o una persona perdidos.
- Para informar sobre una decisión importante en la vida.
- Para averiguar cuándo una persona conocerá a la persona con la que se casará.
- Para comprender qué causa una enfermedad y cómo puede curarse.

Jyotish ayurvédico (Astrología médica)

Suele centrarse en el bienestar y la salud y correlaciona las posiciones planetarias y factores astrológicos específicos con las condiciones de salud. También proporciona información sobre remedios, medidas preventivas y posibles problemas de salud relacionados con la carta astral de un individuo. Suele utilizarse con la medicina ayurvédica como enfoque complementario.

Vastu Shastra

El Vastu Shastra es una ciencia nacida en la antigua India y está relacionada con la arquitectura, las dimensiones y el espacio; el objetivo es garantizar que las zonas habitables estén totalmente alineadas con las energías cósmicas, equilibrándolas y aportando armonía. La astrología védica desempeña un papel en el Vastu Shastra; ayuda a determinar la colocación, la dirección y la disposición de los elementos de un edificio. También puede utilizarse como elemento para definir parcelas.

Janma Kundli (Astrología Natal)

La forma más común de la astrología védica, Janma Kundli, gira en torno a la creación de una carta natal para un individuo, proporcionando una visión de sus fortalezas, debilidades, características, acontecimientos vitales y personalidad.

Karma

Todos han oído hablar del karma: es un caso de lo que va, vuelve. En otras palabras, todo lo que haga volverá a usted en esta vida o en la siguiente. Según el hinduismo, existen tres tipos de Karma:

- Prarabdha - todo el Karma acumulado en su vida actual.
- Sanchita - la suma de todo el Karma de sus vidas pasadas.
- Agami - es el resultado de las decisiones y acciones actuales.

Sin embargo, la mayoría de la gente habla de Karma bueno y malo. Usted obtiene buen Karma cuando hace cosas positivas en su vida, por ejemplo, ayudar a los necesitados, mientras que el mal Karma se produce cuando hace cosas negativas, como robar a alguien, hacer daño a los demás, etc.

Las 12 leyes del Karma

¿Empieza a ver ya un patrón? 12 signos del zodiaco, 12 casas, y ahora las 12 leyes del Karma. Piense en estas leyes como las reglas del juego del Karma. Le ayudan a comprender cómo funciona. Según los sistemas de creencias budistas e hindúes, las leyes le ayudan a interpretar cómo funciona la energía dentro del universo, y le ayudan a comprender cómo las acciones afectan a los demás, a usted mismo y al universo.

1. **La Gran Ley: la más conocida:** esta ley afirma que recibes de vuelta lo que das. Recibirá bondad y amor si emite bondad y amor.
2. **La Ley de la Creación:** no espere a que le sucedan cosas. Salga ahí fuera y haga que las cosas ocurran.
3. **La Ley de la Humildad:** cambiar cualquier cosa en su vida actual significa aceptar el estado actual de las cosas. Eso significa aceptar quién es usted antes de poder cambiar nada en esta vida o en la siguiente.
4. **La Ley del Crecimiento:** esta ley trata sobre el crecimiento interno, el cambio y la evolución. A medida que cambia internamente, cambia también externamente. Esto significa tomarse el tiempo para aprender cosas nuevas, sanar y cambiar.
5. **La Ley de la Responsabilidad:** como cabría de esperar, esta ley gira en torno a ser dueño de lo que ocurre en su vida, tanto lo bueno como lo malo. Solo usted puede elegir su vida, y es

responsable de lo que hace y dice, de cómo actúa y de cómo trata a los demás.

6. **La Ley de la Conexión:** las personas están conectadas entre sí y con todo. Aunque su pasado, presente y futuro puedan parecer diferentes, todos siguen siendo la misma persona. Cualquier cosa que haga le llevará a algo diferente. Por lo tanto, todo está interrelacionado, y usted también está vinculado a otras personas.

7. **La ley de la concentración:** esta ley le dice que no puede pensar en más de una cosa a la vez. Cuando se centra en una sola cosa, como los valores espirituales, no puede centrarse simultáneamente en algo negativo.

8. **La Ley del Dar y la Hospitalidad:** esta ley le dice que deje de predicar y empiece a hacer. En algún momento de su vida, se le pedirá que demuestre que haga lo que dice. Digamos que está pensando en desordenar su casa y donar algunas de sus pertenencias a una causa benéfica; en lugar de pensar en ello, póngase manos a la obra y hágalo. Si no puede hacer lo que predica, no hable por hablar.

9. **La Ley del Aquí y el Ahora:** consiste en salir del pasado y entrar en el presente. Deje de pensar en lo que fue y viva lo que es ahora.

10. **La Ley del Cambio:** algunas personas sienten que experimentan algo malo repetidamente, pero podrían estar atrayendo la mala suerte. Es una señal. El Universo le dice que haga cambios en su vida. Hasta que lo haga, el patrón se repite hasta que por fin se sienta y toma nota.

11. **La Ley de la Paciencia y la Recompensa:** le dice que su duro trabajo acabará dando sus frutos. Siempre que se presente, colabore y no abandone sus objetivos, incluso cuando parezca que todo está perdido, las recompensas llegarán. La paciencia paga dividendos, así que viva su vida y celebre cada logro, sea pequeño o grande.

12. **La Ley de la Significación y la Inspiración:** la última ley le dice que todo el mundo es significativo. Todo el mundo tiene algún valor que compartir con los demás y puede influir positivamente en el mundo.

Karma de vidas pasadas Astrología védica

La astrología védica es importante para saber cómo es cada individuo, ya que registra todo su Karma pasado. La asociación con el Karma es que la astrología védica predice la emoción y el crecimiento físico, y cualquier cosa que una persona pueda experimentar debido al Karma de vidas pasadas. Mucha gente cree que una persona no puede controlar totalmente su vida actual debido a la astrología y al Karma.

La astrología védica nos ayuda a identificar tres tipos diferentes de Karma: el fijo, el medio no tan fijo y el que se está haciendo ahora mismo con todo lo que piensa y hace. La astrología védica también muestra las posiciones planetarias en el momento exacto del nacimiento de un individuo. Explica los periodos planetarios, o Dasha, utilizados para interpretar las fases buenas y malas de la vida.

En capítulos posteriores se hablará de los dashas y del karma, para que pueda comprender cómo encajan en la astrología védica y los nodos lunares.

¿Qué es la astrología sideral?

Los horóscopos occidentales utilizan la astrología tropical, pero no debemos olvidar la verdadera astrología sideral. Ambos tipos incluyen signos con nombres de constelaciones, pero hay una diferencia significativa: la astrología tropical se basa en un mapa de las estrellas en las posiciones exactas en las que se encontraban en el año 0 d. C., mientras que la astrología sideral se basa en la posición de las constelaciones en el momento de la lectura.

Las estrellas se mueven con el tiempo, lo que cambia su posición respecto a la Tierra; esto significa que hay una diferencia de 24 grados entre las constelaciones y el mapa sideral. Es probable que tenga dos signos solares diferentes si consulta ambos sistemas.

Estas son las fechas de nacimiento para ambos sistemas astrológicos.

SIGNO	SIDERAL	TROPICAL
Aries	Abril 21 - Mayo 12	Marzo 21 - Abril 19
Tauro	Mayo 13 - June 19	Abril 20 - Mayo 20
Géminis	June 20 - Julio16	Mayo 21 - Junio 20
Cáncer	Julio 17 - Agosto 6	June 21 – Julio 22
Leo	Agosto 7 - Septiembre 14	Julio 23 - Agosto 22
Virgo	Septiembre 15 - Noviembre 3	Agosto 23 - Septiembre 22
Libra	Noviembre 4 - Noviembre 22	Septiembre 23 - Octubre 22
Escorpio	Noviembre 23 - Diciembre 6	Octubre 23 - Noviembre 21
Ofuico	Diciembre 7 - Diciembre 18	
Sagitario	Diciembre 19 - Enero 19	Noviembre 22 - Diciembre 21
Capricornio	Enero 20 - Febrero 13	Diciembre 22 - Enero 19
Acuario	Febrero 14 - Marzo 9	Enero 20 - Febrero 19
Piscis	Marzo 10 - Abril 20	Febrero 20 - Marzo 20

Si su fecha de nacimiento cae tres días antes o después de su cambio de signo, se considera que está en la cúspide.

Las culturas antiguas utilizaban el sistema sideral porque era (y sigue siendo) una forma más fácil de interpretar los astros para ver cómo eran en un momento dado del pasado. La astrología sideral tiene sus fundamentos en la hora y el lugar de nacimiento de un individuo y en lo que ocurría en el cielo en ese momento; por el contrario, el sistema tropical se considera teórico y está vinculado a las estaciones en la Tierra.

Comprenderá mejor todo esto a medida que avance en el libro. El siguiente capítulo profundiza en los Navagrahas.

Capítulo 2: ¿Qué son los Navagrahas?

Según antiguos textos hindúes como el Brahma-Siddhanta y el Yavana-jataka, Navagraha se refiere a los nueve planetas con una influencia significativa en la astrología védica. Se cree que estos planetas tienen un impacto significativo en la vida humana, dando forma a las vidas y destinos individuales e influyendo en ciertos aspectos de la existencia de un individuo.

Los Navagrahas son deidades según la astrología védica[ii]

El concepto de Navagraha reconoce que los nueve planetas son fuerzas cósmicas con un inmenso poder que ejercen sobre toda la vida humana. Por orden, son

- Surya - el Sol
- Chandra - la Luna
- Mangala - Marte
- Budha - Mercurio
- Guru/Brihaspati - Júpiter
- Shukra - Venus
- Shani - Saturno
- Rahu - Nodo Norte
- Ketu - Nodo Sur

Cada uno representa una energía planetaria específica y tiene un cierto significado mitológico.

Según la astrología védica, los Navagrahas son deidades. Se les venera por su influencia sobre los humanos, incluido el bienestar mental y físico, la riqueza, la carrera profesional, las relaciones y el crecimiento espiritual. La posición de los planetas y su alineación en el momento exacto del nacimiento de un individuo se traza en una carta conocida como Janam Kundli o carta natal u horóscopo. Al analizar estas posiciones, un astrólogo obtiene una visión de los acontecimientos vitales del individuo, sus rasgos de personalidad y su potencial futuro.

Rahu y Ketu no se consideran dioses. Más bien, son los nodos en la sombra de la Luna, demonios que utilizaron su astucia para hacerse un hueco en la astrología, y sus nombres tienen su origen en planetas sombríos y hostiles del sistema solar: Neptuno y Plutón.

Los Navagrahas

El Sol - El Señor Surya

El dios Sol, el Señor Surya o Ravi, está situado en el centro del sistema solar, rodeado por el resto de planetas. El Sol siempre mira hacia el Este, mientras que los demás planetas miran hacia otras direcciones, pero nunca se enfrentan entre sí.

La mitología hindú nos cuenta que Surya surca el cielo en un carro dorado tirado por siete caballos. Ese número es significativo, ya que representa los colores del arco iris, los chakras, los días de la semana y cualquier otra cosa que venga en sietes. Se le representa con cuatro brazos y sostiene una maza y flores de loto. En sus viajes, se desplaza por cada signo del zodiaco y pasa alrededor de un mes en cada uno de ellos.

Surya representa la inteligencia, la vitalidad y el liderazgo y se asocia con la confianza en uno mismo, el poder y la autoridad.

La Luna - El Señor Chandra

También conocido como Soma, Chandra es representado como una hermosa deidad, pero como la luna crece y mengua, rara vez se le muestra entero. Viste ropas blancas y sostiene una flor de loto y un garrote. Representa la intuición, la emoción y la mente y rige el bienestar emocional, los estados de ánimo y el subconsciente. Chandra también se asocia con la energía femenina, la creatividad y la crianza.

Chandra viaja en un carro tirado por 10 caballos y se mueve más rápido que el sol, pasando alrededor de 2 ½ días en cada signo del zodiaco.

Marte - Mangala

Mangala también recibe el nombre de Angaraka y se le representa como un dios temible con cuatro manos que sostienen una maza, un tridente, una lanza y una flor de loto. Se cree que es el vástago de Bhumi, la diosa de la Tierra o Privthi. Se le asocia con la ambición, la pasión y la persecución de objetivos y representa el empuje, la asertividad y la fuerza física.

Viaja en un carro tirado por ocho caballos rojos o sobre un carnero y pasa entre cuatro días y varios meses en cada signo del zodiaco.

Mercurio - Budha

Budha es considerado el vástago del Señor Chandra y se le suele representar como un dios joven con cuatro manos que sostienen un escudo, una espada y una flor de loto. Representa el ingenio, la palabra y el aprendizaje y, como planeta del comercio, la comunicación y el intelecto, rige el pensamiento analítico, la inteligencia y la adaptabilidad.

Budha viaja en un león o carro y se desplaza con bastante rapidez por el sistema solar, pasando entre 14 y 30 días en cada signo zodiacal.

Júpiter - Brihaspati

Júpiter es el planeta del conocimiento, la sabiduría y la expansión, también conocido como Gurú, el maestro de los dioses. Se le asocia con la generosidad, la abundancia y el aprendizaje superior, y simboliza el crecimiento, la espiritualidad y la buena fortuna.

Júpiter suele representarse como sabio y benévolo, con cuatro brazos y sosteniendo cuentas de oración, una flor de loto, un bastón y un recipiente de agua. Monta un carro con ocho caballos o una flor de loto y se desplaza lentamente, pasando aproximadamente un año en cada signo del zodiaco.

Venus - Shukra

A Shukra se le representa como un dios apuesto, pero se le considera un instructor de demonios. Representa las relaciones, la belleza y el amor y rige la expresión artística, la armonía y el romance. Asociado con la comodidad material, el lujo y el placer, Shukra se muestra típicamente con cuatro brazos que sostienen un recipiente de agua, una flor de loto, un espejo y un bastón. Monta una flor de loto o un carro con ocho caballos y se desplaza por el sistema solar a un ritmo moderado, permaneciendo a menudo en cada signo zodiacal durante un mes aproximadamente.

Saturno - Shani

A Saturno se le considera el planeta del trabajo duro, la responsabilidad y la disciplina, pero es un dios tormentoso que puede construir y destruir la buena fortuna, dependiendo de dónde se encuentre en el sistema solar en cada momento. También representa el karma, las lecciones de la vida y la madurez y se asocia con la persecución de objetivos a largo plazo, la perseverancia y la resistencia. Se le suele representar oscuro y musculoso, sosteniendo un garrote, un arco, flechas y una espada, y viaja en un carro tirado por ocho caballos negros. Viaja lentamente por el sistema solar, permaneciendo en cada signo zodiacal alrededor de 2 ½ años.

Rahu

Rahu es el nodo norte de la Luna y se considera un demonio más que un dios. Es un planeta en la sombra que significa deseos, ambiciones y búsquedas mundanas y representa el materialismo, el pensamiento poco convencional y el ansia de éxito. Representa los retos y las oportunidades y suele representarse como una figura parecida a una serpiente con cabeza de dragón y largos dientes afilados. Viaja en un trono o carro y, al ser un planeta sombra, Rahu no tiene existencia física. Sus movimientos están estrechamente ligados a cómo se alinean los nodos lunares con la Luna y el Sol.

Ketu

El nodo sur de la Luna, Ketu, es el segundo planeta en la sombra y se asocia con la liberación, la espiritualidad y la iluminación. Representa el desapego, la introspección y las experiencias místicas y suele significar lecciones kármicas. También se le representa con forma de serpiente, pero sin cabeza y viaja en un trono o carro. De nuevo, como planeta en la sombra, Ketu no tiene existencia física y su movimiento está relacionado con la alineación con la Luna y el Sol.

Interpretaciones y rasgos

He aquí una visión general de cada planeta en la astrología védica, mostrando sus interpretaciones, rasgos, interacciones y aspectos vitales:

El Sol

Interpretación:
- Autoridad
- Ego
- Padre
- Gobierno
- Poder
- Yo
- Vitalidad

Rasgos positivos:
- Confianza
- Generosidad
- Inteligencia
- Fuerza de voluntad

Rasgos negativos:
- Arrogancia
- Dominancia
- Obstinación

Interacciones:
- Armonía - Marte y Júpiter
- Conflictos - Venus y Saturno

Aspectos de la vida
- Carrera
- Influencia paternal
- Liderazgo
- Éxito

La Luna

Interpretación:
- Emociones
- Fertilidad
- Intuición
- Mente
- Madre
- Nutrición

Rasgos positivos:
- Adaptabilidad
- Compasión
- Creatividad
- Sensibilidad

Rasgos negativos:
- Inestabilidad emocional
- Mal humor
- Sensibilidad excesiva

Interacciones:
- Armonía - Venus y Júpiter
- Conflicto - Ketu y Rahu

Aspectos de la vida:
- Creatividad
- Emociones
- Intuición
- Relaciones personales

Marte
Interpretación
- Agresividad
- Valentía
- Energía
- Pasión
- Fuerza física

Rasgos positivos:
- Determinación
- Ambición
- Confianza
- Resiliencia

Rasgos negativos:
- Agresividad
- Ira
- Impulsividad

Interacciones:
- Armonía - Júpiter y el Sol
- Conflicto - Saturno y Mercurio

Aspectos de la vida:
- Resolución de conflictos
- Coraje
- Fuerza física

Mercurio
Interpretación:
- Comercio
- Comunicación
- Intelecto
- Aprendizaje
- Lógica

Rasgos positivos:
- Capacidad de análisis
- Inteligencia
- Versatilidad
- Ingenio

Rasgos negativos:
- Indecisión
- Nerviosismo
- Inquietud

Interacciones:
- Armonía - Saturno y Venus
- Conflicto - la Luna y Marte

Júpiter
Interpretación:
- Expansión
- Buena fortuna
- Conocimiento
- Espiritualidad
- Sabiduría

Rasgos positivos:
- Generosidad
- Crecimiento
- Optimismo
- Sabiduría

Rasgos negativos:
- Optimismo excesivo
- Exceso de indulgencia
- Autojustificación

Interacciones:
- Armonía - el Sol y la Luna
- Conflicto - Venus y Mercurio

Aspectos de la vida:
- Expansión
- Buena fortuna
- Espiritualidad
- Sabiduría

Venus

Interpretación:
- Arte
- Belleza
- Armonía
- Amor
- Comodidad material
- Relaciones

Rasgos positivos:
- Encanto
- Creatividad
- Diplomacia
- Romance

Rasgos negativos
- Indulgencia
- Superficialidad
- Vanidad

Interacciones:
- Armonía - Saturno y Mercurio
- Conflicto - Júpiter y Marte

Aspectos de la vida:
- Belleza
- Creatividad
- Amor
- Comodidad material
- Las relaciones

Saturno

Interpretación:
- Disciplina
- Trabajo duro
- Karma
- Lecciones de la vida
- Responsabilidad

Rasgos positivos:
- Disciplina
- Paciencia
- Perseverancia
- Practicidad

Rasgos Negativos:
- Pesimismo
- Restricción
- Rigidez

Interacciones:
- Armonía - Mercurio y Venus
- Conflicto - la Luna y el Sol

Aspectos de la vida:
- Disciplina
- Trabajo duro
- Influencia kármica
- Lecciones de la vida

Rahu

Interpretaciones:
- Ambición
- Deseos
- Ilusión
- Obsesión
- Persecuciones mundanas

Rasgos positivos:
- Ambición
- Innovación
- Pensamiento poco convencional

Rasgos negativos
- Engaño
- Obsesión
- Inquietud

Interacciones:
- Armonía - Mercurio y Saturno
- Conflicto - Marte y Júpiter

Aspectos de la vida:
- Ambición
- Deseos
- Crecimiento espiritual
- Persecuciones mundanas

Ketu
Interacciones:
- Desapego
- Lecciones kármicas
- Liberación
- Misticismo
- Espiritualidad

Rasgos positivos:
- Desapego
- Introspección
- Crecimiento espiritual

Rasgos negativos:
- Confusión
- Desapego de los asuntos mundanos
- Escapismo

Interacciones:
- Armonía - Júpiter y Marte
- Conflicto - el Sol y la Luna

Aspectos de la vida:
- Lecciones kármicas
- Liberación
- Crecimiento espiritual

Aunque se basan en las creencias y principios tradicionales de la astrología védica, estas interpretaciones están sujetas a cambios en función de su posición y aspectos en la carta natal de cada persona, lo que puede dar lugar a diferentes influencias y manifestaciones.

Asociaciones planetarias

Y ahora, una visión general de las asociaciones de cada planeta:

Surya - Sol:
- **Horóscopo:** Leo (Simha)
- **Día** Domingo (Ravivar)
- **Número:** 1
- **Color:** Rojo
- **Piedra preciosa:** Rubí
- **Deidad supervisora:** Señor Shiva
- **Protege:** Corazón, cabeza, ojos, huesos

Chandra - Luna
- **Horóscopo:** Cáncer (Karka)
- **Día:** Lunes (Somvar)
- **Número:** 2
- **Color:** Blanco
- **Piedra preciosa:** Perla
- **Deidad supervisora:** Diosa Parvati
- **Protege:** Mente, cerebro, ojo derecho (mujeres), ojo izquierdo (hombres)

Mangala - Marte
- **Horóscopo:** Aries (Mesha) y Escorpio (Vrishchika)
- **Día:** Martes (Mangalvar)
- **Número:** 9
- **Color:** Rojo
- **Piedra preciosa:** Coral
- **Deidad supervisora:** Señor Murugan
- **Protege:** Músculos, cabeza, sangre

Budha - Mercurio
- **Horóscopo:** Géminis (Mithuna) y Virgo (Kanya)
- **Día:** Miércoles (Budhvar)

- **Número:** 5
- **Color:** Verde
- **Piedra preciosa:** Esmeralda
- **Deidad supervisora:** Señor Vishnu
- **Protege:** Piel, órganos del habla, sistema nervioso

Gurú: Júpiter:
- **Horóscopo:** Sagitario (Dhanu) y Piscis (Meena)
- **Día:** Jueves (Guruvar)
- **Número:** 3
- **Color:** Amarillo
- **Piedra preciosa:** Zafiro amarillo
- **Deidad supervisora:** Señor Brahma
- **Protege:** Hígado, muslos, estómago

Shukra - Venus
- **Horóscopo:** Tauro (Vrishabha) y Libra (Tula)
- **Día:** Viernes (Shukravar)
- **Número:** 6
- **Color:** Blanco
- **Piedra preciosa:** Diamante
- **Deidad supervisora:** Diosa Lakshmi
- **Protege:** Garganta, sistema urinario, órganos reproductores

Shani - Saturno
- **Horóscopo:** Capricornio (Makara) y Acuario (Kumbha)
- **Día:** Sábado (Shanivar)
- **Número:** 8
- **Color:** Negro
- **Piedra preciosa:** Zafiro azul
- **Deidad supervisora:** Señor Yama
- **Protege:** Sistema nervioso, huesos, dientes, rodillas

Rahu - Nodo Norte de la Luna:
- **Horóscopo:** No está asociado a ningún horóscopo específico
- **Día:** Ningún día específico
- **Número:** 4
- **Color:** Ahumado
- **Piedra preciosa:** Granate hessonita
- **Deidad supervisora:** Diosa Durga
- **Protege:** Muslos, extremidades, flema

Ketu - Nodo sur de la Luna:
- **Horóscopo:** No está asociado a ningún horóscopo específico
- **Día:** Ningún día específico
- **Número:** 7
- **Color:** Transparente
- **Gema:** Ojo de gato
- **Deidad supervisora:** Señor Ganesha
- **Protege:** Pies, oídos y sistema digestivo

Capítulo 3: ¿Qué son los nodos lunares?

Los nodos lunares se denominan a veces los nodos del Destino. No son físicos; son puntos invisibles en el cielo donde se cruzan las trayectorias del Sol y la Luna, lo que ocurre varias veces al año. ¿Sabe cuándo es? Es cuando la Tierra experimenta un eclipse.

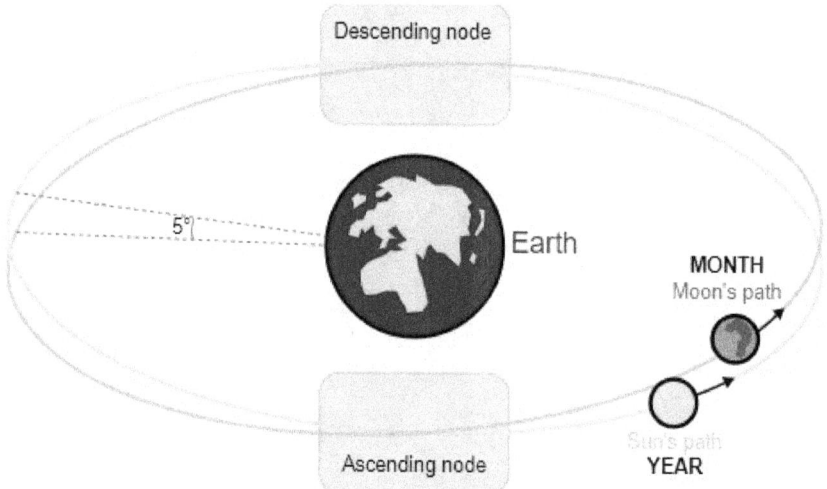

Los nodos lunares son puntos invisibles en el cielo cuando se cruzan las trayectorias del Sol y la Luna[iii]

Los nodos le indican el camino espiritual que debe seguir. También le indican de qué caminos debe salir y dejar atrás y con qué tipo de energía está trabajando en el momento de la lectura. En astrología, la luna tiene dos nodos de sombra: los nodos Norte y Sur. El nodo Norte se refiere al aquí y ahora y al futuro, y el Sur al pasado. Cada 18 meses, los nodos cambiarán de signo, pero siempre estarán en signos opuestos, es decir, cuando el nodo Norte entre en Leo, el nodo Sur entrará en Acuario.

Estos nodos también le informan de lo que le ocurre cuando se produce un eclipse en función de los modos de sus cartas natales y de los nodos en tránsito.

La astrología védica tiene nombres distintos para estos nodos lunares: Rahu y Ketu. Es una larga historia sobre cómo surgió todo, pero para ser breves y directos, un demonio hizo que los dioses aceptaran que fuera inmortal. Sin embargo, no estaba destinado a tener el poder de la inmortalidad, y sus trucos enfurecieron a los dioses. Para castigarle, le concedieron la inmortalidad, pero con un giro desagradable: sería para siempre parte pasado, que es Ketu, y parte futuro, que es Rahu; como tal, nunca podría alejarse de sí mismo ni de sus malas acciones.

Echemos un vistazo más profundo a los nodos lunares.

El nodo Norte

El nodo Norte, también llamado Rahu, nos indica hacia dónde nos dirigimos; nos adentramos en lo desconocido, en un lugar del que no sabemos nada, casi como si se hubiera mudado a una nueva ciudad, no conociera a nadie y estuviera empezando de nuevo. Es el momento de ser quien quiere ser, dejar atrás su pasado y reinventarse.

La energía del nodo norte le permite reinventar su vida y su mundo. Cómo utilice esa energía depende enteramente de usted, pero utilizar estos poderes para cosas buenas es importante.

Rasgos positivos

En la astrología védica, el nodo Norte representa las lecciones de la vida, el punto de crecimiento y el potencial en su carta natal. Tiene varios rasgos positivos, pero éstos variarán en función de las posiciones de las casas y los signos. Algunos de los rasgos positivos generales son

- **Propósito de vida:** Rahu indica su propósito en la vida y la dirección hacia la que debe dirigirse. Si abraza este camino de todo corazón, le aportará una sensación de crecimiento y realización personal.
- **Crecimiento del alma:** Rahu representa las experiencias y lecciones que su alma desea aprender e integrar en su vida actual.

Si abraza estas lecciones, experimentará un desarrollo espiritual y personal.

- **Nuevas oportunidades:** Rahu significa oportunidad y posibilidades de crecimiento, animándole a salir de su zona de confort y dirigirse hacia lo desconocido.

- **Rasgos positivos que debe desarrollar: Rahu** indica las cualidades positivas que debería centrarse en cultivar y expresar. Le anima a desarrollar y encarnar esos rasgos específicos para que pueda alcanzar el éxito interpersonal y personal.

- **Liberación kármica:** Cuando se centra en las lecciones que aporta Rahu, sus patrones kármicos pueden liberarse y puede superar los retos que permitió que le frenaran anteriormente.

- **Habilidades de relación y colaboración:** Rahu suele poner un gran énfasis en la cooperación y las relaciones sanas, fomentando habilidades interpersonales más fuertes, construyendo buenas conexiones y alentando el trabajo en equipo.

- **Empoderamiento personal:** Cuando abraza la energía de Rahu, puede beneficiarse de una mayor confianza en sí mismo, una mejor identidad personal y un mayor empoderamiento personal.

No lo olvide; los rasgos positivos de Rahu dependen totalmente de su signo zodiacal y de la posición de las casas en su carta natal.

Carrera y desarrollo profesional

El nodo Norte desempeña un papel importante en su carrera y desarrollo profesional. Representa las lecciones que debe seguir y la dirección que debe tomar para cumplir su propósito en la vida y lograr un buen crecimiento personal. He aquí cómo Rahu le influye en estas áreas:

- **Trayectoria profesional:** Rahu le da una visión significativa de la trayectoria profesional adecuada para alinearse con su propósito en la vida. Puede indicarle qué tipo de carrera debe buscar para sentirse realizado y feliz.

- **Nuevas oportunidades:** Rahu aporta nuevas experiencias y oportunidades que le ayudarán a avanzar en su carrera, animándole a salir de su zona de confort y a explorar cosas nuevas.

- **Aceptar nuevos retos:** Rahu puede proporcionarle lecciones y desafíos relacionados con su carrera. Si afronta estos retos de frente, podrá desarrollar las cualidades y habilidades que necesita para triunfar profesionalmente.

- **Desarrollar habilidades:** Rahu pone de relieve ciertas cualidades o habilidades que le ayudarán a desarrollarse en su carrera, animándole a obtener la experiencia que necesita para alcanzar sus objetivos y centrarse en el crecimiento personal.

- **Emprendimientos en colaboración:** Rahu destacará a menudo lo importantes que son el trabajo en equipo y la colaboración en su vida profesional. Rahu le anima a establecer las alianzas adecuadas y a crear relaciones positivas con sus mentores y colegas para contribuir al crecimiento de su carrera.

- **Reputación e imagen pública:** Rahu puede influir en cómo le perciben los demás en su ámbito profesional. Le anima a cultivar la reputación y la imagen pública necesarias para alinearse con sus valores y su propósito en la vida.

- **Encontrar la plenitud:** Si sigue la guía de Rahu, se sentirá satisfecho y realizado en su vida profesional. Cuando sus actividades profesionales se alineen con su propósito vital, experimentará satisfacción y sentido en su trabajo.

Cómo identificar y satisfacer la energía del nodo Norte

Para identificar la energía del nodo Norte y cumplirla en su carta natal, necesita aprender autorreflexión y conciencia y ser consciente de sus acciones en alineación con las lecciones de Rahu. Algunas formas de identificar y cumplir con la energía del nodo Norte son:

- **Estudiar su carta natal:** Observe su carta natal para identificar la colocación de su nodo Norte en la casa y su signo zodiacal. Cuando pueda comprender los temas y las características de la casa y el signo, obtendrá una buena perspectiva de las lecciones y la energía de su nodo Norte.

- **Reflexione sobre los patrones del pasado:** Piense en patrones y experiencias de su vida que parecen haberse estancado o que se repiten. El nodo Sur, sobre el que aprenderá en breve, es el opuesto del nodo Norte y representa la familiaridad y las zonas de confort. Reflexione sobre si esos patrones y experiencias se alinean con la energía y las lecciones de su nodo Norte o si le han frenado y le han impedido crecer.

- **Conciencia y autorreflexión:** Aprenda a autorreflexionar y a identificar las áreas en las que puede estar luchando contra la energía del nodo Norte. Mire en profundidad sus miedos, motivaciones y deseos para ser consciente de los comportamientos y patrones que le frenan.
- **Abrace las nuevas experiencias:** Rahu tiende a animar a la gente a salir de su zona de confort y explorar nuevos territorios. Esté abierto a nuevas experiencias, explore donde nunca ha estado y asuma riesgos siempre que se alineen con la energía de su nodo Norte.
- **Desarrolle nuevas cualidades y habilidades:** Identifique las cualidades, habilidades y rasgos asociados con la colocación de su nodo Norte en la casa y el zodíaco. Sea proactivo a la hora de desarrollar y encarnar esas cualidades en su vida personal y profesional, y busque oportunidades en las que pueda crecer. Invierta en nuevas experiencias que se alineen con la energía de su nodo Norte.
- **Fije objetivos e intenciones:** Cuando los fije, sea específico y asegúrese de que se alinean con la energía de su nodo Norte. Pueden tener que ver con su carrera, su desarrollo personal, sus relaciones o cualquier otra cosa. Cuando cree una hoja de ruta, podrá centrarse en esa energía y avanzar hacia su cumplimiento.
- **Busque orientación:** Pida consejo a un entrenador de vida especializado o a un astrólogo, ya que pueden darle una gran visión y orientación específica sobre la ubicación de su nodo Norte. Esto le ayudará a comprender su energía y a cumplirla.

Es importante que recuerde que la energía de su nodo Norte es un viaje por la vida, y es probable que el progreso sea lento. Sea paciente; deje que el crecimiento personal y las lecciones lleguen de forma natural. Cuando abrace la energía de su nodo Norte, experimentará plenitud, un mejor conocimiento de sí mismo y una mayor sintonía con el propósito de su vida.

El nodo Sur

Más conocido como Ketu, el nodo Sur guarda un registro de todas las vidas pasadas que ha vivido; registra dónde ha estado, sus energías, emociones y relaciones. Esta es la energía kármica que desea dejar atrás mientras vive su vida actual. De ahí proviene su sensación de déjà vu, la sensación de que algo le resulta familiar, y eso es porque probablemente ya estuvo allí en una vida pasada. También le muestra sentimientos y patrones que trae del pasado a su vida actual, y aunque algo no esté sucediendo, es algo a lo que se aferra. Es importante dejar atrás este tipo de sentimientos, pero no es fácil porque si no permanece super consciente y consciente de lo que hace, puede volver fácilmente a los viejos hábitos.

Rasgos negativos

El nodo Sur representa los patrones del pasado, la zona de confort y todo nuestro bagaje kármico. Esto no quiere decir que sea un nodo negativo. Sin embargo, confiar demasiado en él o darle demasiada importancia puede manifestarse como rasgos o desafíos negativos. Algunos de los rasgos negativos potenciales del nodo Sur son:

1. **Resistirse al cambio y estancarse:** Ketu simboliza una tendencia común entre los humanos: resistirse al cambio y aferrarse a patrones antiguos y familiares. Esto indica una reticencia a probar algo nuevo y a salir de su zona de confort, lo que puede obstaculizar seriamente la evolución y el crecimiento personal.
2. **Repetición de patrones poco saludables:** Ketu también simboliza los patrones del pasado, en particular los repetitivos, incluyendo actitudes, comportamientos o ciertas dinámicas en las relaciones que no le sirven para su crecimiento personal. Es probable que le mantengan atrapado en ciclos insanos e improductivos.
3. **Demasiado dependiente de la familiaridad:** Depender demasiado de cosas o sentimientos que le resultan familiares y cómodos puede llevarle a perder oportunidades de crecimiento y a tener miedo a lo desconocido. Esto puede impedirle buscar nuevas oportunidades y posibilidades.
4. **Resistirse al progreso:** La energía de Ketu se manifiesta a veces como una falta de motivación para avanzar, y esto puede hacer que usted se resista al cambio y no quiera avanzar personal o profesionalmente asumiendo riesgos.
5. **Aferrarse al pasado:** Ketu indica que usted puede preferir quedarse en el pasado, aferrándose a los remordimientos, las heridas y la nostalgia. Estar obsesionado con el pasado puede impedirle abrazar su vida y su yo actuales y crear el futuro que desea.

6. **Lucha por dejar ir:** Ketu sugiere que puede luchar para dejar ir relaciones, apegos o situaciones que no le sirven para su crecimiento personal. Esto puede impedirle progresar y atraparle en un ciclo interminable de viejas situaciones.
7. **Reprimir las lecciones de Rahu:** Si su energía del nodo Sur es excesivamente dominante, sugiere que se está resistiendo o incluso evitando las lecciones del nodo Norte y el crecimiento que puede aportarle. Esto significa que pierde oportunidades de desarrollarse personal y espiritualmente.

Recuerde que cada persona tiene una carta natal única y que los rasgos negativos del nodo Sur dependen totalmente de su colocación en la casa y de su signo zodiacal. Ser consciente de los desafíos puede ayudarle a trabajar conscientemente para equilibrar la energía del nodo Sur con las cualidades positivas del nodo Norte, a fin de garantizar el mejor entorno para la evolución y el crecimiento personal.

Cómo representa el nodo Sur su karma de vidas pasadas

En lo que respecta a la astrología, el nodo Sur está fuertemente asociado con el Karma de vidas pasadas, todas las experiencias y lecciones de sus vidas pasadas que nunca llegaron a resolverse. A continuación le mostramos cómo Ketu podría representar potencialmente su Karma de vidas pasadas:

- **El Equipaje Kármico:** Ketu simboliza todos sus asuntos no resueltos, patrones y experiencias de vidas pasadas. Representa las tendencias a las que puede tender por defecto o la zona de confort a la que está acostumbrado debido a cómo fue condicionado en sus vidas pasadas.

- **Hábitos y patrones familiares:** Ketu refleja hábitos, comportamientos y creencias profundamente arraigados debido a experiencias en sus vidas pasadas. Puede tratarse de patrones negativos y positivos, que moldean sus tendencias y respuestas en la vida presente.

- **Aprender y resolver lecciones:** Ketu indica todos los retos y lecciones kármicas que trajo de vidas pasadas al presente para que pueda abordarlos y encontrar una solución. Representa en qué parte de su vida puede encontrarse repitiendo patrones o experiencias específicas o tropezando con obstáculos hasta que haya aprendido las lecciones que le estaban destinadas.

- **Apego e identificación excesiva:** Ketu indica que podría identificarse en exceso con apegos, identidades o papeles de sus vidas pasadas. Este tipo de apego puede impedirle crear nuevas experiencias para usted y frenar su crecimiento personal. Le impide abrazar plenamente su vida actual.

- **Patrones que debe trascender:** los rasgos negativos del nodo Sur pueden representar patrones específicos que debe trascender para evolucionar y progresar espiritualmente. Aunque estos patrones pueden haber sido útiles en vidas pasadas, ya no sirven para su desarrollo y crecimiento.

- **Equilibrar los nodos Norte y Sur:** estos dos puntos opuestos representan su dirección de crecimiento y las lecciones que necesita aprender en su vida actual. La capacidad de equilibrar su energía es fundamental si quiere integrar todo su Karma de vidas pasadas y avanzar en el camino de su vida.

El Karma de vidas pasadas es un concepto subjetivo y no todo el mundo lo acepta. La interpretación del nodo Sur como Karma de vidas pasadas se basa totalmente en creencias específicas, tanto espirituales como filosóficas. Suponga que la idea del Karma de vidas pasadas resuena con usted. En ese caso, le resultará útil explorar los retos y lecciones de su nodo Sur, ya que pueden darle algunas ideas útiles sobre ciertas áreas no resueltas del viaje de su alma.

El nodo Sur y el desarrollo espiritual

Ketu desempeña un papel importante en el desarrollo espiritual; aunque suele estar relacionado con el bagaje kármico y los patrones del pasado, el nodo Sur también le ofrece grandes oportunidades para transformarte y crecer en su camino espiritual. El desarrollo espiritual se ve influido de las siguientes maneras:

- **Lecciones kármicas:** Ketu representa asuntos no resueltos de su vida pasada. Comprender esas lecciones y entenderlas es una buena forma de obtener información sobre el viaje en el que se encuentra su alma. También le muestra dónde necesita crecer y sanar para desarrollarse espiritualmente.

- **Romper con los patrones:** Ketu pone de relieve comportamientos y patrones que no contribuyen a su desarrollo espiritual. Cuando pueda reconocerlos, podrá trabajar conscientemente para romper con ellos, una parte fundamental de su evolución espiritual.

- **Dejar ir:** Ketu le extiende una invitación; le pide que suelte apegos, relaciones o creencias que ya no le sirven y que solo se interponen en su desarrollo espiritual. Cuando puede soltar lo que ya no necesita, gana el espacio que necesita para disfrutar de vibraciones más elevadas y de nuevas experiencias.
- **Equilibre los nodos:** Debe aprender a equilibrar la energía del nodo Norte y del nodo Sur si quiere desarrollarse espiritualmente. El nodo Norte traza su crecimiento personal y su propósito en la vida, mientras que el nodo Sur le proporciona lecciones de vidas pasadas, y equilibrar ambos puede ayudarle a evolucionar.
- **Trascienda sus apegos al ego:** La influencia de Ketu puede poner de relieve cualquier apego y tendencia impulsados por su ego que se interpongan en su desarrollo espiritual. Le permite trascender esas identificaciones y aprender a construir y abrazar otras cualidades, como el desapego, la entrega y la humildad.
- **Curación e integración:** La energía de Ketu le proporciona las oportunidades que necesita para sanar emociones y heridas no resueltas de vidas pasadas e integrarlas en su vida actual. Cuando pueda reconocer y trabajar estos desafíos, esos bloqueos se despejarán y su camino espiritual será más armonioso y abierto.
- **Evolución del alma:** las lecciones que le enseña su nodo Sur contribuyen a la evolución de su alma. Cuando pueda aprovechar las oportunidades que Ketu le brinda para crecer, su desarrollo espiritual podrá acelerarse y alinearse mejor con su yo superior y espiritual.

La energía del nodo Sur debe abordarse con una mentalidad autorreflexiva, compasiva y plenamente consciente. Cada persona tiene su propio viaje espiritual, y el nodo Sur nos ofrece a cada uno lecciones únicas para la transformación y el crecimiento. Si participa en determinadas prácticas, como la sanación energética, la auto indagación, la meditación y la petición de orientación a maestros espirituales, su exploración de Ketu durante su desarrollo espiritual estará plenamente respaldada.

Cómo encontrar los nodos Norte y Sur

Para encontrar los nodos Norte y Sur en astrología védica es necesario que calcule sus posiciones basándose en su carta natal. Los siguientes

pasos le ayudarán a calcular la posición de sus nodos:
1. **Obtenga su carta natal:** para ello, necesita saber la hora, fecha y lugar exactos de su nacimiento - más sobre esto más adelante en la guía.
2. **Localice el Lagna (Ascendente):** el Ascendente en astrología védica es el punto de partida de la carta natal y representa el signo ascendente cuando usted nació. Necesitará el signo y el grado del Ascendente.
3. **Identifique la posición de la Luna:** necesitará encontrar el signo y el grado de la Luna en su carta natal. La posición de la Luna es fundamental para determinar dónde se encuentran Rahu y Ketu.
4. **Calcule la Posición de Rahu:** en su carta natal, Rahu siempre está directamente opuesto a la Luna.
5. **Calcule la posición de Ketu:** Ketu siempre estará directamente opuesto a Rahu, lo que significa que comparte el grado y el signo de la Luna.

Cuando conozca sus posiciones, podrá empezar a aprender su significado en la astrología védica e interpretar sus efectos sobre usted y los demás. Rahu se asocia con la ambición, las búsquedas materiales, el apego mundano y los deseos. Ketu se asocia con el desapego, el crecimiento espiritual, la liberación y las lecciones kármicas.

Rangos de fechas de Rahu-Ketu

A continuación encontrará los intervalos de fechas aproximados para Rahu y Ketu en los signos zodiacales:

Aries - Mesha

Nodo Norte

- 12 de febrero de 1942 - 12 de agosto de 1943
- 2 de septiembre de 1960 - 25 de marzo de 1962
- 13 de abril de 1979 - 12 de octubre de 1980
- 4 de noviembre de 1997 - 20 de abril de 1999
- 9 de mayo de 2016 - 6 de noviembre de 2017

Nodo Sur

- 12 de febrero de 1942 - 12 de agosto de 1943
- 2 de septiembre de 1960 - 25 de marzo de 1962
- 13 de abril de 1979 - 12 de octubre de 1980

- 4 de noviembre de 1997 - 20 de abril de 1999
- 9 de mayo de 2016 - 6 de noviembre de 2017

Tauro - Vrishabha
Nodo Norte
- 13 de agosto de 1943 - 11 de febrero de 1945
- 26 de marzo de 1962 - 19 de septiembre de 1963
- 13 de octubre de 1980 - 5 de abril de 1982
- 21 de abril de 1999 - 7 de noviembre de 2000
- 7 de noviembre de 2017 - 22 de marzo de 2019

Nodo Sur
- 13 de agosto de 1943 - 11 de febrero de 1945
- 26 de marzo de 1962 - 19 de septiembre de 1963
- 13 de octubre de 1980 - 5 de abril de 1982
- 21 de abril de 1999 - 7 de noviembre de 2000
- 7 de noviembre de 2017 - 22 de marzo de 2019

Géminis - Mithuna
Nodo Norte
- 12 de febrero de 1945 - 11 de agosto de 1946
- 20 de septiembre de 1963 - 17 de marzo de 1965
- 6 de abril de 1982 - 1 de diciembre de 1983
- 7 de noviembre de 2000 - 13 de abril de 2002
- 23 de marzo de 2019 - 19 de septiembre de 2020

Nodo Sur
- 12 de febrero de 1945 - 11 de agosto de 1946
- 20 de septiembre de 1963 - 17 de marzo de 1965
- 6 de abril de 1982 - 1 de diciembre de 1983
- 7 de noviembre de 2000 - 13 de abril de 2002
- 23 de marzo de 2019 - 19 de septiembre de 2020

Cáncer - Karka
Nodo Norte
- 12 de agosto de 1946 - 11 de febrero de 1948
- 18 de marzo de 1965 - 11 de septiembre de 1966
- 2 de diciembre de 1983 - 21 de mayo de 1985
- 14 de abril de 2002 - 13 de octubre de 2003
- 20 de septiembre de 2020 - 16 de marzo de 2022

Nodo Sur
- 12 de agosto de 1946 - 11 de febrero de 1948
- 18 de marzo de 1965 - 11 de septiembre de 1966
- 2 de diciembre de 1983 - 21 de mayo de 1985
- 14 de abril de 2002 - 13 de octubre de 2003
- 20 de septiembre de 2020 - 16 de marzo de 2022

Leo - Simha
Nodo Norte
- 12 de febrero de 1948 - 11 de agosto de 1949
- 12 de septiembre de 1966 - 7 de marzo de 1968
- 22 de mayo de 1985 - 19 de diciembre de 1986
- 14 de octubre de 2003 - 13 de abril de 2005
- 17 de marzo de 2022 - 11 de septiembre de 2023

Nodo Sur
- 12 de febrero de 1948 - 11 de agosto de 1949
- 12 de septiembre de 1966 - 7 de marzo de 1968
- 22 de mayo de 1985 - 19 de diciembre de 1986
- 14 de octubre de 2003 - 13 de abril de 2005
- 17 de marzo de 2022 - 11 de septiembre de 2023

Virgo - Kanya
Nodo Norte
- 12 de agosto de 1949 - 11 de febrero de 1951
- 8 de marzo de 1968 - 2 de agosto de 1969

- 20 de diciembre de 1986 - 19 de junio de 1988
- 14 de abril de 2005 - 13 de octubre de 2006
- 12 de septiembre de 2023 - 4 de mayo de 2025

Nodo Sur
- 12 de agosto de 1949 - 11 de febrero de 1951
- 8 de marzo de 1968 - 2 de agosto de 1969
- 20 de diciembre de 1986 - 19 de junio de 1988
- 14 de abril de 2005 - 13 de octubre de 2006
- 12 de septiembre de 2023 - 4 de mayo de 2025

Libra - Tula
Nodo Norte
- 12 de febrero de 1951 - 11 de agosto de 1952
- 3 de agosto de 1969 - 27 de enero de 1971
- 20 de junio de 1988 - 12 de diciembre de 1989
- 14 de octubre de 2006 - 13 de abril de 2008
- 5 de mayo de 2025 - 1 de noviembre de 2026

Nodo Sur
- 12 de febrero de 1951 - 11 de agosto de 1952
- 3 de agosto de 1969 - 27 de enero de 1971
- 20 de junio de 1988 - 12 de diciembre de 1989
- 14 de octubre de 2006 - 13 de abril de 2008
- 5 de mayo de 2025 - 1 de noviembre de 2026

Escorpio - Vrishchika
Nodo Norte
- 12 de agosto de 1952 - 11 de febrero de 1954
- 28 de enero de 1971 - 25 de julio de 1972
- 13 de diciembre de 1989 - 9 de junio de 1991
- 14 de abril de 2008 - 13 de octubre de 2009
- 2 de noviembre de 2026 - 19 de abril de 2028

Nodo Sur
- 12 de agosto de 1952 - 11 de febrero de 1954
- 28 de enero de 1971 - 25 de julio de 1972
- 13 de diciembre de 1989 - 9 de junio de 1991
- 14 de abril de 2008 - 13 de octubre de 2009
- 2 de noviembre de 2026 - 19 de abril de 2028

Sagitario - Dhanu
Nodo Norte
- 12 de febrero de 1954 - 11 de agosto de 1955
- 26 de julio de 1972 - 22 de enero de 1974
- 10 de junio de 1991 - 3 de diciembre de 1992
- 14 de octubre de 2009 - 12 de abril de 2011
- 20 de abril de 2028 - 16 de noviembre de 2029

Nodo Sur
- 12 de febrero de 1954 - 11 de agosto de 1955
- 26 de julio de 1972 - 22 de enero de 1974
- 10 de junio de 1991 - 3 de diciembre de 1992
- 14 de octubre de 2009 - 12 de abril de 2011
- 20 de abril de 2028 - 16 de noviembre de 2029

Capricornio - Makara
Nodo Norte
- 12 de agosto de 1955 - 11 de febrero de 1957
- 23 de enero de 1974 - 16 de julio de 1975
- 4 de diciembre de 1992 - 30 de junio de 1994
- 13 de abril de 2011 - 12 de octubre de 2012
- 17 de noviembre de 2029 - 14 de mayo de 2031

Nodo Sur
- 12 de agosto de 1955 - 11 de febrero de 1957
- 23 de enero de 1974 - 16 de julio de 1975
- 4 de diciembre de 1992 - 30 de junio de 1994

- 13 de abril de 2011 - 12 de octubre de 2012
- 17 de noviembre de 2029 - 14 de mayo de 2031

Acuario - Kumbha
Nodo Norte
- 12 de febrero de 1957 - 11 de agosto de 1958
- 17 de julio de 1975 - 12 de enero de 1977
- 1 de julio de 1994 - 28 de diciembre de 1995
- 13 de octubre de 2012 - 12 de abril de 2014
- 15 de mayo de 2031 - 11 de noviembre de 2032

Nodo Sur
- 12 de febrero de 1957 - 11 de agosto de 1958
- 17 de julio de 1975 - 12 de enero de 1977
- 1 de julio de 1994 - 28 de diciembre de 1995
- 13 de octubre de 2012 - 12 de abril de 2014
- 15 de mayo de 2031 - 11 de noviembre de 2032

Piscis - Meena
Nodo Norte
- 12 de agosto de 1958 - 11 de febrero de 1960
- 13 de enero de 1977 - 9 de julio de 1978
- 29 de diciembre de 1995 - 23 de junio de 1997
- 13 de abril de 2014 - 13 de octubre de 2015
- 12 de noviembre de 2032 - 9 de mayo de 2034

Nodo Sur
- 12 de agosto de 1958 - 11 de febrero de 1960
- 13 de enero de 1977 - 9 de julio de 1978
- 29 de diciembre de 1995 - 23 de junio de 1997
- 13 de abril de 2014 - 13 de octubre de 2015
- 12 de noviembre de 2032 - 9 de mayo de 2034

Tenga en cuenta que estos intervalos de fechas son solo una orientación general y pueden variar ligeramente en función de los cálculos que se utilicen en astrología védica.

Tenga en cuenta que el nodo Sur siempre estará en el mismo grado que el signo opuesto en el nodo Norte:

- Aries Norte/Libra Sur
- Tauro Norte/Escorpio Sur
- Géminis Norte/Sagitario Sur
- Cáncer Norte/Capricornio Sur
- Leo Norte/Acuario Sur
- Virgo Norte/Piscis Sur
- Libra Norte/Aries Sur
- Escorpio Norte/Tauro Sur
- Sagitario Norte/Géminis Sur
- Capricornio Norte/Cáncer Sur
- Acuario Norte/Leo Sur
- Piscis Norte/Virgo Sur

Los nodos en las Casas:

En su carta natal, los nodos Norte y Sur están representados por glifos:

- Nodo Norte (Rahu):
- Nodo Sur (Ketu):

Mire su kundli y busque los símbolos; márquelos. Cuando encuentre uno, el otro estará en un signo y casa opuestos, pero ambos estarán en el mismo grado. Cuando sepa en qué casa se encuentran en su carta natal, comprenderá mejor su Karma y su energía. He aquí un resumen:

La Casa Primera:

- Rahu: aporta un deseo de autoexpresión, reconocimiento e identidad personal y tiene el potencial de crear una personalidad ambiciosa y carismática.
- Ketu: le permite centrarse espiritualmente en la autorrealización y aporta introspección y desapego del mundo material.

La Segunda Casa:

- Rahu: aporta un impulso hacia la seguridad material, las posesiones y la riqueza, refuerza las habilidades comunicativas y aumenta el sentido de la autoestima.

- **Ketu:** permite que se centre en sus valores espirituales, aporta desapego por la riqueza (materialmente hablando) y una necesidad de ir más allá del ámbito material y explorar verdades más profundas.

La Casa Tercera:

- **Rahu:** se centra en las búsquedas intelectuales, fortaleciendo la comunicación, la ambición y el coraje. También fomenta la necesidad de reconocimiento utilizando las redes de contactos y otras habilidades.
- **Ketu:** le aleja de las interacciones sociales insignificantes, le hace desear explorar el conocimiento espiritual y le hace tender hacia la introspección.

La Cuarta Casa:

- **Rahu:** aporta una necesidad de familia, hogar y seguridad emocional. También le hace desear reconocimiento y éxito en los asuntos domésticos.
- **Ketu:** le hace alejarse del apego emocional, centrarse en su sabiduría interior y su crecimiento, y le da una necesidad de soledad, espiritualmente hablando.

La Quinta Casa:

- **Rahu:** potencia la inteligencia y la creatividad y aporta una necesidad de fama y autoexpresión. También puede hacer que quiera esforzarse por el disfrute y el deseo personal.
- **Ketu:** le hace alejarse de los deseos impulsados por su ego y fomenta el servicio desinteresado y la creatividad para potenciar el crecimiento espiritual, al tiempo que busca un significado más profundo en su vida.

La Casa Sexta:

- **Rahu:** fomenta la competitividad, la ambición y la necesidad de éxito para ayudarle a superar enemigos y desafíos. También puede reforzar su capacidad para resolver problemas y animarle a centrarse en mejorarse a sí mismo.
- **Ketu:** le hace alejarse de los conflictos mundanos, centrar su atención en el servicio espiritual y la curación, y el deseo de liberarse espiritualmente de los obstáculos.

La Séptima Casa:

- **Rahu:** aporta un deseo de conexiones sociales, asociaciones y relaciones y puede potenciar un impulso para que las asociaciones tengan éxito y reforzar el carisma.
- **Ketu:** hace que deje de depender excesivamente de una relación, hace que desee que sus relaciones le aporten crecimiento espiritual y pone su atención en la armonía interior.

La Casa Octava:

- **Rahu:** le permite aprender más de las experiencias transformadoras y de su conocimiento de lo oculto y crea un deseo de aprender más sobre lo desconocido y obtener una transformación espiritual.
- **Ketu:** le hace alejarse del apego a las cosas materiales, crea una inclinación hacia lo espiritual y una necesidad de liberarse de los patrones kármicos.

La Casa Novena:

- **Rahu:** crea un deseo de espiritualidad, conocimientos superiores y búsquedas de tipo filosófico. También puede crear un crecimiento espiritual más fuerte y un impulso para explorar y realizar viajes de larga distancia.
- **Ketu:** le hace alejarse de las creencias y los dogmas, inclinarse hacia la espiritualidad y ansiar la verdad superior y la sabiduría interior.

La Casa Décima:

- **Rahu:** crea aspiraciones profesionales más fuertes, ambición y una necesidad de reconocimiento y estatus social. También puede provocar una necesidad de liderazgo y éxito profesional.
- **Ketu:** le hace alejarse de los logros mundanos, desear encontrar un sentido profundo de propósito y centrarse más en el crecimiento interior, espiritualmente hablando.

La Casa Undécima:

- **Rahu:** le hace ansiar las ganancias materiales, las redes sociales y las conexiones. También podría reforzar su ambición y empuje para lograr sus objetivos con éxito.

- **Ketu:** le hace querer desprenderse de los deseos materiales, le aporta una necesidad de realización interior que va más allá de lo que le aportan sus logros, y un enfoque hacia la conciencia colectiva y las amistades espirituales.

La Duodécima Casa:

- **Rahu:** potencia su sentido de la soledad y las experiencias espirituales y le hace desear liberarse de los apegos mundanos. También puede sentir fascinación por la necesidad de autorrealización.

- **Ketu:** le hace desear alejarse de las ilusiones materiales, obtener la iluminación y la paz interiores y centrarse más en liberarse espiritualmente.

La influencia que tenga cada nodo dependerá de la carta natal y de sus distintos factores, incluidos los aspectos de cada planeta y las posibles conjunciones.

Planetas del nodo Norte

Es habitual que los planetas se alineen con los nodos Norte y Sur en la carta natal de un individuo, pero no es un hecho, así que si ninguno se alinea con el suyo, no se preocupe.

Mientras que los planetas del nodo Norte revelan su energía vital actual y futura, los planetas del nodo Sur tratan sobre la energía que corrió por sus vidas pasadas: El Norte le dice lo que viene de las vidas pasadas y el Sur lo que dejó allí. Digamos que su kundli muestra el Sol en el nodo Sur. Eso significa que usted está trabajando duro para superar una vida pasada insegura. Si está en el nodo Norte, significa que está intentando tener más confianza en sí mismo.

Veamos los planetas del nodo Norte y lo que representan:

El Sol:

- Popularidad
- Gran ego
- Las lecciones kármicas le ponen en el punto de mira

La Luna

- Energía protectora y potencial para tener problemas mentales
- Popularidad

- Éxito matrimonial
- Éxito con las mujeres
- Éxito con su madre

Mercurio
- Pensamiento claro
- Buena suerte con sus planes de viaje
- Gran comunicación

Venus
- Magnetismo
- Riqueza
- Confianza en sí mismo
- Belleza
- Talento musical
- Atractivo sexual

Marte
- Naturaleza asertiva
- Un poco de egoísmo e insensibilidad hacia los demás

Júpiter
- Éxito y avance en su carrera
- Sin embargo, usted da el éxito un poco por sentado

Saturno:
- El trabajo duro dará sus frutos
- Sin embargo, a veces es duro con los demás y consigo mismo

Urano
- Fanatismo
- Fama repentina
- Creatividad

Neptuno
- Tendencias artísticas, psíquicas
- Vida glamurosa
- Manipulación

Plutón
- El poder de cambiar a los demás, el mundo o incluso destruirlos
- Capacidad curativa
- Fama
- Obsesión
- Riqueza

Planetas del nodo Sur

El Sol
- Caridad
- Desinterés
- Sin confianza en sí mismo

La Luna
- Bastante sensible
- Orientado musicalmente
- Motivado espiritualmente

Mercurio
- Baja autoestima
- Busca consuelo en el sexo, el alcohol, las drogas o la comida

Marte
- Mal genio

Júpiter
- Informado
- Generoso
- Inteligente
- Tenga cuidado si juega a la bolsa: podría perder

Saturno
- Usted aprecia los altibajos de la vida

Urano
- Inspiración para los demás

Neptuno
- Desconfíe de las drogas y el alcohol
- Su imaginación se agudiza
- Problemas de concentración
- Inclinación espiritual y artística

Plutón
- Naturaleza transformadora
- Prepárese para la fama, ya sea para bien o para mal

Capítulo 4: Rahu y Ketu en los signos del zodíaco

Rahu y Ketu son los nodos lunares en la astrología védica, dos partes importantes de la carta natal de un individuo. Son puntos matemáticos, invisibles si se quiere, que indican dónde se cruzan la Luna y el Sol en sus órbitas. Siempre están uno frente al otro en la carta natal.

Representación de Rahu y Ketu en la astrología védica[iv]

He aquí cómo se relacionan con los signos del zodiaco:

Rahu

- **Exaltación:** Rahu está exaltado en Tauro
- **Debilitación:** Rahu está debilitado en Escorpio
- **Afinidad:** Rahu no tiene afinidad por un signo determinado
- **Asociaciones:** Rahu se asocia con la obsesión, el desapego y la disolución. Independientemente del signo que ocupe, amplifica su energía, creando fuertes apegos y deseos en las áreas que el signo específico representa.

Ketu:

- **Exaltación:** Ketu está exaltado en Escorpio
- **Debilitación:** Ketu está debilitado en Tauro
- **Afinidad:** Ketu no tiene afinidad por un signo determinado
- **Asociaciones:** Ketu se asocia con el crecimiento espiritual, el desapego y la disolución. Anima a las personas a liberarse de sus deseos y apegos para elevarse por encima de las búsquedas materiales.

Tenga en cuenta que su colocación en las distintas casas también influye en sus efectos y en los aspectos que le proporcionan otros planetas. También hay que tener en cuenta que los efectos anteriores son más matizados y detallados cuando se considera la colocación de su casa y signo en una carta natal.

A continuación, encontrará una lista fácil de leer que muestra las manifestaciones positivas y negativas de Rahu y Ketu, las interpretaciones y los impactos de sus colocaciones en cada signo del zodiaco. No obstante, tenga en cuenta que se trata solo de una visión general y que es probable que las cosas difieran en las cartas individuales:

Rahu en los signos del zodíaco

Aries:

- **Interpretación:** asertividad, ambición, empuje
- **Manifestación positiva:** capacidad de liderazgo, valentía, espíritu pionero
- **Manifestación negativa:** agresividad, impulsividad, egoísmo

- **Impacto de la colocación:** Influencia sobre los objetivos personales, la identidad propia y la individualidad

Tauro

- **Interpretación:** seguridad, necesidad de estabilidad, materialismo
- **Manifestación positiva:** ingenio, determinación, experiencia financiera
- **Manifestación negativa:** terquedad, posesividad, avaricia
- **Impacto de colocación:** influencia sobre las posesiones, la riqueza y los deseos sensuales

Géminis

- **Interpretación:** búsquedas intelectuales, comunicaciones, curiosidad
- **Manifestación positiva:** capacidad para establecer contactos, adaptabilidad, versatilidad
- **Manifestación negativa:** incoherencia, superficialidad, inquietud
- **Impacto de colocación:** influencia en las relaciones entre hermanos, aprendizaje, comunicación

Cáncer

- **Interpretación:** domesticidad, valentía, capacidad de liderazgo
- **Manifestación positiva:** capacidad de crianza, empatía, intuición
- **Manifestación negativa:** aferramiento, mal humor, manipulación emocional
- **Impacto de colocación:** influencia en la dinámica familiar, el hogar y la seguridad emocional

Leo

- **Interpretación:** liderazgo, autoexpresión, creatividad
- **Manifestación positiva:** carisma, confianza, talento artístico
- **Manifestación negativa:** búsqueda de atención, arrogancia, egoísmo
- **Impacto de colocación:** influencia sobre la creatividad, la confianza en sí mismo y el reconocimiento

Virgo
- **Interpretación:** servicio, atención al detalle, pensamiento analítico
- **Manifestación positiva:** resolución de problemas, sentido práctico, eficacia
- **Manifestación negativa:** hipercriticismo, perfeccionismo, ansiedad
- **Impacto de colocación:** influencia en la salud, el trabajo y las actividades orientadas al servicio

Libra
- **Interpretación:** asociaciones, armonía, interacciones sociales
- **Manifestación positiva:** equidad, diplomacia, establecimiento de relaciones
- **Manifestación negativa:** dependencia, indecisión, complacer a la gente
- **Impacto de la colocación:** influencia en las asociaciones, las relaciones y el sentido del esteticismo

Escorpio
- **Interpretación:** transformación, intensidad, profundidad
- **Manifestación positiva:** capacidad de investigación, perseverancia, perspicacia espiritual
- **Manifestación negativa:** obsesión, manipulación, luchas de poder
- **Impacto de colocación:** influencia sobre los recursos compartidos, la intimidad y la transformación psicológica

Sagitario
- **Interpretación:** sabiduría, expansión, búsqueda espiritual
- **Manifestación positiva:** perspectiva filosófica, optimismo, espíritu aventurero
- **Manifestación negativa:** impulsividad, inquietud, dogmatismo
- **Impacto de colocación:** influencia en la educación superior, las creencias y los viajes

Capricornio

- **Interpretación:** disciplina, resolución de problemas, estatus social
- **Manifestación positiva:** cualidades de liderazgo, planificación estratégica, perseverancia
- **Manifestación negativa:** actividades materialistas, crueldad, adicción al trabajo
- **Impacto de la colocación:** influencia en la imagen pública, la carrera y los objetivos a largo plazo

Acuario

- **Interpretación:** innovación, individualidad, humanitarismo
- **Manifestación positiva:** pensamiento progresista, originalidad, implicación en la comunidad
- **Manifestación negativa:** excentricidad, rebeldía, desapego
- **Impacto de colocación:** influencia en las amistades, las causas sociales y las actividades menos convencionales

Piscis

- **Interpretación:** compasión, espiritualidad, imaginación
- **Manifestación positiva:** habilidad artística, intuición, empatía
- **Manifestación negativa:** ilusión, escapismo, emocionalmente vulnerable
- **Impacto de la colocación:** influencia en la creatividad, espiritualidad, reinos subconscientes

Ketu en los signos del zodiaco

Aries:

- **Interpretación:** asertividad, independencia, iniciación
- **Manifestación positiva:** valor para romper con sus limitaciones, autodescubrimiento
- **Manifestación negativa:** impulsividad, impaciencia, temeridad
- **Impacto de colocación:** influencia sobre la individualidad, el crecimiento personal y la identidad propia

Tauro

- **Interpretación:** estabilidad, placer sensual, apegos materiales
- **Manifestación positiva:** satisfacción con las cosas sencillas de la vida, desapego al materialismo
- **Manifestación negativa:** posesividad, terquedad, resistencia al cambio
- **Impacto de la colocación:** influencia sobre las posesiones, los valores y la sensación de seguridad

Géminis

- **Interpretación:** curiosidad, intelecto, comunicación
- **Manifestación positiva:** intuición en la comunicación, desapego de la superficialidad
- **Manifestación negativa:** pensamiento disperso, inquietud, desafíos con la comunicación
- **Impacto de colocación:** influencia en la expresión, el aprendizaje y las relaciones entre hermanos

Cáncer

- **Interpretación:** crianza, sensibilidad emocional, hogar
- **Manifestación positiva:** desapego de la dependencia emocional, crianza para propiciar el crecimiento espiritual
- **Manifestación negativa:** distancia emocional, agobio, lucha por echar raíces
- **Impacto de la colocación:** influencia en la dinámica familiar, la vida hogareña y la seguridad emocional

Leo

- **Interpretación:** liderazgo, creatividad, autoexpresión
- **Manifestación positiva:** humildad, desapego del ego, creatividad espiritual
- **Manifestación negativa:** búsqueda de atención, egocentrismo, falta de confianza
- **Impacto de la colocación:** influencia en la expresión creativa, la confianza en sí mismo y el reconocimiento

Virgo
- **Interpretación:** sentido práctico, análisis, servicio
- **Manifestación positiva:** servicio espiritual a los demás, desapego del perfeccionismo
- **Manifestación negativa:** escepticismo, espíritu crítico, análisis excesivo
- **Impacto de colocación:** influencia en la salud, el trabajo y las actividades orientadas al servicio

Libra
- **Interpretación:** asociaciones, equilibrio, armonía
- **Manifestación positiva:** búsqueda del equilibrio espiritual, desapego de la codependencia
- **Manifestación negativa:** desapego de las relaciones, indecisión, lucha por encontrar la armonía
- **Impacto de la colocación:** influencia en las asociaciones, las relaciones, el sentido estético

Escorpio
- **Interpretación:** intensidad, transformación, profundidad
- **Manifestación positiva:** perspicacia espiritual, desapego de las luchas de poder
- **Manifestación negativa:** comportamiento reservado, obsesión, miedo a la intimidad
- **Impacto de colocación:** influencia sobre los recursos compartidos, la intimidad y la transformación psicológica

Sagitario
- **Interpretación:** sabiduría, expansión, espiritualidad
- **Manifestación positiva:** búsqueda de la espiritualidad, desapego de los dogmas, sabiduría
- **Manifestación negativa:** escepticismo, inquietud, escapismo espiritual
- **Impacto de colocación:** influencia en la educación superior, las creencias y los viajes

Capricornio
- **Interpretación:** disciplina, ambición, estatus social
- **Manifestación positiva:** centrado en la autoridad interior, desapegado de los apegos mundanos
- **Manifestación negativa:** desapegado de la responsabilidad, cinismo, miedo al fracaso
- **Impacto de la colocación:** influencia en la imagen pública, la carrera y los objetivos a largo plazo

Acuario
- **Interpretación:** humanitarismo, innovación, individualidad
- **Manifestación positiva:** centrado en el bienestar de todos, desapegado de las normas sociales
- **Manifestación negativa:** rebeldía, excentricidad, desapego de las conexiones sociales
- **Impacto de colocación:** influencia en las amistades, causas sociales, actividades no convencionales

Piscis
- **Interpretación:** compasión, espiritualidad, imaginación
- **Manifestación positiva:** perspicacia espiritual, desapego de las ilusiones, un profundo sentido de la empatía
- **Manifestación negativa:** confusión, escapismo, ausencia de límites
- **Impacto de la colocación:** influencia en la creatividad, la espiritualidad y la conexión divina

Eje Rahu-Ketu

Y para terminar este capítulo, la interpretación del eje Rahu-Ketu en cada signo y el significado del tránsito Rahu-Ketu en la predicción de los acontecimientos de la vida:

Eje Aries-Libra:
- **Rahu en Aries/Ketu en Libra:** destaca el equilibrio entre ser auto afirmativo (Aries) y la armonía en las relaciones (Libra). El énfasis se pone en alcanzar el término medio entre sus necesidades y las de los demás.

Eje Tauro-Escorpio:

- **Rahu en Tauro/Ketu en Escorpio:** se centra en la estabilidad material de Tauro y la profunda transformación de Escorpio y significa la necesidad de desprenderse de los apegos materiales y dar la bienvenida al crecimiento interior,

Eje Géminis-Sagitario:

- **Rahu en Géminis/Ketu en Sagitario:** destaca la exploración intelectual de Géminis frente a la expansión espiritual de Sagitario, significando el término medio entre adquirir nuevos conocimientos y buscar sus verdades más elevadas.

Eje Cáncer-Capricornio:

- **Rahu en Cáncer/Ketu en Capricornio:** destaca el cuidado emocional de Cáncer frente a la ambición práctica de Capricornio, lo que significa la integración de la vida profesional y personal y el equilibrio entre los objetivos profesionales y el bienestar emocional.

Eje Leo-Acuario:

- **Rahu en Leo/Ketu en Acuario:** enfatiza la autoexpresión individual de Leo y los ideales colectivos de Acuario, significando el término medio entre las contribuciones al progreso de la sociedad y la creatividad personal.

Eje Virgo-Piscis:

- **Rahu en Virgo/Ketu en Piscis:** enfatiza el análisis práctico de Virgo y la trascendencia espiritual de Piscis, significando la integración de la intuición y la lógica y el equilibrio entre la conexión espiritual y la atención a los detalles.

Significado de los tránsitos Rahu-Ketu en la predicción de los acontecimientos de la vida

Los tránsitos tienen un gran papel en esto porque indican cuándo cambia la energía kármica y las áreas en las que es necesario centrarse. Su significado es:

- **Lecciones kármicas y dirección de la vida:** los tránsitos descubren lecciones kármicas y áreas de la vida en las que es necesario prestar atención, junto con el crecimiento. También indican cuándo cambia el enfoque y ayudan a las personas a alinearse con su dirección y propósito vital.

- **Transformaciones importantes:** los tránsitos tienden a coincidir con acontecimientos vitales internos y externos, normalmente importantes. Pueden traer avances en algo con lo que ha luchado, un cambio repentino e incluso pueden cambiar su percepción, todo lo cual conduce a una mejora del crecimiento personal.

- **Desencadena el karma de vidas pasadas:** los tránsitos Rahu-Ketu pueden despertar el karma de vidas pasadas, asuntos nunca resueltos que vuelven a primer plano. Estos tránsitos le permiten sanar, desprenderse de su bagaje kármico y liberarse de viejos patrones repetitivos.

- **Desafíos y oportunidades:** los tránsitos proporcionan a los individuos una mezcla de desafíos y oportunidades. Rahu influye en las nuevas posibilidades y deseos, mientras que Ketu influye en el crecimiento espiritual y el desapego rápido.

- **Momento de los acontecimientos:** estos tránsitos pueden coincidir con algo importante que ocurra en su vida, como cambios en una relación, un nuevo trabajo o un ascenso en el que ya tiene, una decisión importante o un despertar espiritual. Puede obtener más información a partir de la colocación de los aspectos y las casas durante el tránsito.

Pasemos ahora a Rahu y Ketu en las doce casas.

Capítulo 5: Rahu y Ketu en las doce casas

Las doce casas zodiacales son solo una pequeña parte del rompecabezas de la carta natal, pero ofrecen bastante información interesante. Por ejemplo, ¿sabe cuál es la diferencia entre que el sol estuviera en la primera casa en el momento de su nacimiento o en la duodécima? Entender estas cosas puede ayudarle a determinar por qué usted es extrovertido cuando su pareja o su mejor amigo son más callados y reservados. O comprender el signo que rige la décima casa puede darle alguna idea de cómo alcanzar sus objetivos profesionales.

Dediquemos un tiempo a conocer los aspectos básicos de las doce casas y la información que pueden proporcionar sobre usted y su trayectoria vital.

Definición de las doce casas

Piense en su carta astral como en una instantánea, que muestra el cielo tal y como era en el momento de su nacimiento. Las casas indican dónde estaban situados los planetas, incluidos el Sol y la Luna, cuándo y dónde nació usted.

Representación de muestra de los Bhavas en la astrología védica

Las casas representan cómo gira la Tierra sobre su eje cada 24 horas. A medida que la Tierra gira, los planetas y el sol parecen moverse en el sentido de las agujas del reloj a través de las casas. Salen por la cúspide de la primera casa, en el este, a la izquierda de la carta. Al mediodía, se cierne en la parte superior de la carta y luego se desplaza hacia el oeste, a la derecha de la carta, para ponerse. Hacia medianoche, se sitúa en la parte inferior de la carta.

Piense que se trata de un mapa estelar elaborado solo para usted. Sin embargo, es mucho más que esto. La ubicación del Sol, la Luna y los colores de los planetas indican expresiones, ya que cada uno de ellos representa una parte de su vida. De esto hablaremos más adelante.

¿Qué significan las casas?

Las casas suelen denominarse zonas o sectores en su carta natal. Sin embargo, cada una tiene un nombre que se explica por sí mismo y que representa un aspecto diferente de su vida y su existencia. Comprender el significado de cada casa puede ayudarle a entender mejor su vida en general, así que aquí tiene una breve descripción de cada casa, su nombre y su significado.

La Primera Casa

Nombres alternativos: Casa del Yo, Casa de la Apariencia, Casa de la Identidad

Nombre en sánscrito: Lagna Bhava

Significado:

La primera casa es el Signo Naciente o el Ascendente y, como su nombre indica, representa su apariencia física, la imagen que tiene de sí mismo, su personalidad y cómo deja que el mundo le vea. Se asocia con su sentido de sí mismo y su enfoque.

La Segunda Casa

Nombres alternativos: Casa de las Posesiones, Casa de los Valores, Casa de las Finanzas

Nombre en sánscrito: Dhana Bhava

Significado:

La segunda casa se relaciona con sus finanzas, posesiones materiales, autoestima y recursos personales. Se asocia con sus valores financieros y su actitud hacia las posesiones y el dinero.

La Tercera Casa

Nombres alternativos: Casa de la Comunicación, Casa del Aprendizaje, Casa de los Hermanos

Nombre en sánscrito: Sahaja Bhava

Significado:

Esta casa tiene que ver con la comunicación, el intelecto, el lenguaje y el aprendizaje, pero también rige las relaciones con sus hermanos, su entorno inmediato y sus vecinos. La tercera casa también representa las actividades mentales, la escritura y los viajes cortos.

La Cuarta Casa

Nombres alternativos: Casa del Hogar, Casa de las Raíces, Casa de la Familia

Nombre en sánscrito: Sukha Bhava

Significado:

La cuarta casa representa la familia, el hogar, la seguridad emocional y la ascendencia. Se relaciona con sus experiencias interiores, su vida privada y los verdaderos cimientos de lo que usted es. Se asocia con el sentido de pertenencia y sus relaciones con su madre y su padre.

La Quinta Casa

Nombres alternativos: Casa de la Creatividad, Casa de los Niños, Casa del Placer

Nombre en sánscrito: Putra Bhava

Significado:

Esta casa representa las actividades artísticas, los asuntos amorosos, las aficiones y su relación con los hijos. Se asocia con el romance, el entretenimiento, el placer, la creatividad y la autoexpresión.

La Sexta Casa

Nombres alternativos: Casa del Servicio, Casa del Trabajo, Casa de la Salud

Nombre en sánscrito: Shatru Bhava

Significado:

La sexta casa está relacionada con la salud, las rutinas diarias, el servicio y el trabajo, y rige la forma en que usted afronta sus responsabilidades, su entorno laboral y su bienestar físico. Se asocia con la organización, los hábitos y el servicio a los demás.

La Séptima Casa

Nombres alternativos: Casa de las Asociaciones, Casa de los Otros, Casa del Matrimonio

Nombre en sánscrito: Kalatra Bhava

Significado:

La séptima casa trata de las asociaciones, las relaciones, la cooperación y el matrimonio. Representa cómo se relaciona con los demás, como socios y colegas de negocios, relaciones personales y enemigos.

La Octava Casa

Nombres alternativos: Casa de la Transformación, Casa del Renacimiento, Casa del Sexo

Nombre en sánscrito: Randhra Bhava

Significado:

La octava casa concierne a la sexualidad, la transformación, los vínculos afectivos y los recursos compartidos. Se relaciona con los grandes cambios en su vida, los conceptos de muerte y renacimiento, y representa la intimidad, la herencia, los asuntos de lo oculto y el crecimiento psicológico.

La Casa Novena

Nombres alternativos: Casa de la Expansión, Casa de la Enseñanza Superior, Casa de la Filosofía

Nombre en sánscrito: Bhagya Bhava

Significado:

La novena casa representa la filosofía, los conocimientos superiores, las creencias, los viajes de larga distancia y la espiritualidad. Tiene que ver con la religión, los conocimientos superiores, la ley y las experiencias culturales, y trata de su conexión con el mundo exterior y la búsqueda de sentido.

La Décima Casa

Nombres alternativos: Casa de la Carrera, Casa de la Vida Pública, Casa del Estatus

Nombre en sánscrito: Karma Bhava

Significado:

Esta casa concierne a la imagen pública, la carrera, el estatus social y la reputación. Representa los logros, la ambición y la forma en que se relaciona con las figuras de autoridad y está asociada a cómo le ve el público y a sus objetivos profesionales.

La Undécima Casa

Nombres alternativos: Casa de las Esperanzas y los Sueños, Casa de la Comunidad, Casa de los Amigos

Nombre en sánscrito: Labha Bhava

Significado:

La undécima casa representa sus objetivos, aspiraciones, amistades y grupos sociales. Se relaciona con las actividades de grupo, los grupos comunitarios y las causas humanitarias en las que participa y refleja a quienes le apoyan a usted y a sus ideales.

La Duodécima Casa

Nombres alternativos: Casa de la Espiritualidad, Casa del Inconsciente, Casa del Karma

Nombre en sánscrito: Vyaya Bhava

Significado:

La última casa está relacionada con la mente inconsciente, la espiritualidad, los asuntos ocultos y la soledad. Representa el karma, la autorreflexión, la trascendencia y la curación y se asocia con el retiro, la meditación, los sueños y los aspectos subconscientes de su psique.

Rahu y Ketu en cada casa

Por último, veremos a Rahu y Ketu en cada casa, incluyendo sus interpretaciones y características, rasgos buenos y malos, y el impacto de su colocación.

Primera casa

Rahu

Interpretación:

- Ambición
- Necesidad de reconocimiento
- Identidad poco convencional

Rasgos positivos:

- Liderazgo
- Valentía
- Un estilo personal único

Rasgos negativos:

- Egoísta
- Egocéntrico
- Inquieto

Impacto de la colocación:

Influye en el aspecto físico, la autoimagen y los objetivos personales

Ketu
Interpretación:
- Crecimiento espiritual
- Desapego
- Abnegación

Rasgos positivos:
- Perspicacia intuitiva
- Humildad
- Desapego

Rasgos negativos:
- Duda de sí mismo
- Inseguridad
- Sentimientos vacíos

Impacto de la colocación:
Influye en las búsquedas espirituales, la autoconciencia, la identidad propia

Segunda Casa
Rahu
Interpretación:
- Crecimiento financiero
- Deseos materialistas
- Valores poco convencionales

Rasgos positivos:
- Ambición
- Experiencia financiera
- Ingenio

Rasgos negativos:
- Obsesión por las posesiones materiales
- Codicia
- Inestabilidad financiera

Impacto de la colocación:
Influye en los valores personales, la acumulación de riqueza y el habla

Ketu

Interpretación:
- Valores espirituales
- Desapego de las posesiones materiales
- Talento poco convencional

Rasgos positivos:
- Sabiduría interior
- No apegado a la riqueza material
- Autosuficiente

Rasgos negativos:
- Lucha por expresar su autoestima
- Desafíos financieros
- Alejado de la estabilidad material

Impacto de la colocación:
Influye en las finanzas, la autoestima y los valores

Tercera casa

Rahu

Interpretación:
- Curiosidad
- Capacidad de comunicación
- Deseo de aprender y establecer contactos

Rasgos positivos:
- Adaptabilidad
- Versatilidad
- Capacidad para trabajar en red

Rasgos negativos:
- Inquietud
- Cotilleo
- Incoherencia

Impacto de la colocación:

Influye en el aprendizaje, la comunicación y las relaciones entre hermanos

Ketu

Interpretación:

- Alejado de la comunicación superficial
- Actividades espirituales
- Perspicacia intuitiva

Rasgos positivos:

- Profundidad de pensamiento
- Intuición
- Exploración espiritual

Rasgos negativos

- Desapego social
- Dificultades de comunicación
- Dificultades con los esfuerzos a corto plazo

Impacto de la colocación:

Influye en las relaciones entre hermanos, el estilo de aprendizaje y la intuición

Cuarta Casa

Rahu

Interpretación:

- Ambición familiar
- Necesidad de seguridad emocional
- Vida hogareña no convencional

Rasgos positivos:

- Ambición de asuntos domésticos
- Capacidad de crianza
- Vida familiar orientada al crecimiento

Rasgos Negativos:
- Manipulación emocional
- Apego excesivo al hogar
- Vida familiar perturbada

Impacto de la colocación:
Influye en la dinámica familiar, el entorno del hogar y la seguridad emocional

Ketu

Interpretación:
- Alejamiento de los apegos emocionales
- Introspección que conduce al crecimiento espiritual

Rasgos positivos:
- Perspicacia intuitiva
- Emocionalmente independiente
- Profunda autocomprensión

Rasgos negativos:
- Emocionalmente distanciado
- Lucha por echar raíces
- Inestable en el hogar

Impacto de la colocación:
Influye en la conexión con la herencia ancestral, la paz interior y el bienestar emocional

Quinta Casa

Rahu

Interpretación:
- Necesidad de reconocimiento
- Un enfoque progresista del romance
- Actividades creativas

Rasgos positivos:
- Creatividad
- Cualidades de liderazgo
- Ambicioso en las actividades artísticas

Rasgos negativos:
- Arrogante
- Buscador de atención
- Comportamiento arriesgado en la especulación y el amor

Impacto de la colocación:
Influye en la creatividad, la expresión de la individualidad y el romance

Ketu

Interpretación:
- Perspicacia espiritual
- Desapego de deseos egoisticos
- Enfoque de crianza no convencional

Rasgos positivos:
- Desapego de los resultados
- Sabiduría interior
- Enfoque único de la autoexpresión

Rasgos negativos:
- Falta de confianza en las actividades creativas
- Duda de sí mismo
- Dificultades en las relaciones sentimentales

Impacto de la colocación:
Influye en la creatividad, la autoexpresión y las experiencias con niños

Sexta Casa

Rahu

Interpretación:
- Desea el éxito en el servicio y el trabajo
- Métodos no convencionales de curación

Rasgos positivos:
- Determinación
- Enfoque novedoso de la curación
- Capacidad para resolver problemas
- Eficacia en el trabajo

Rasgos negativos:
- Adicción al trabajo
- Conflicto en los roles relacionados con el servicio

Impacto de la colocación:
Influye en la salud, el entorno laboral y el servicio a los demás

Ketu

Interpretación:
- Desapego de los trabajos rutinarios
- Servicio desinteresado que conduce al crecimiento espiritual

Rasgos positivos:
- Abnegación
- Compasión
- Habilidades en la curación holística

Rasgos negativos:
- Evita la responsabilidad
- Indecisión
- Problemas de salud

Impacto de la colocación:
Influye en la rutina diaria, la salud y las actividades relacionadas con el servicio

Séptima Casa

Rahu

Interpretación:
- Relaciones no convencionales
- Deseo de asociaciones
- Colaboraciones ambiciosas

Rasgos positivos:
- Experiencia empresarial
- Diplomacia
- Asociaciones orientadas al crecimiento

Rasgos negativos
- Codependencia
- Imprevisibilidad en las relaciones
- Manipulación

Impacto de la colocación:
Influye en el matrimonio, las relaciones de pareja y la interacción pública

Ketu

Interpretación:
- No apegado a las relaciones dependientes
- Soledad que conduce al crecimiento espiritual

Rasgos positivos:
- Perspicacia espiritual
- Independencia
- Confianza en sí mismo

Rasgos negativos:
- Alejado de las relaciones
- Le cuesta entablar relaciones
- Intransigente

Impacto de la colocación:
Influye en el matrimonio, las relaciones de pareja y el equilibrio entre los intereses compartidos y los personales

Casa Octava

Rahu

Interpretación:
- Necesidad de transformación
- Intereses en lo oculto
- Forma no convencional de abordar los bienes compartidos

Rasgos positivos:
- Capacidad de investigación
- Intensidad
- Poder de transformación

Rasgos negativos
- Manipulador
- Obsesionado con el control
- Inestabilidad emocional y financiera

Impacto de la colocación:
Influye en la herencia, los recursos compartidos y la transformación psicológica

Ketu

Interpretación:
- Desapego de los apegos
- Liberación del ego, que conduce al crecimiento espiritual

Rasgos positivos:
- Comprensión de los misterios de la vida y la muerte
- Capacidad de entrega
- Transformación interior

Rasgos negativos:
- Teme la intimidad
- Lucha por gestionar los recursos compartidos
- Se enfrenta a retos de renacimiento y curación

Impacto de la colocación:
Influye en los recursos compartidos, la transformación y los intereses en lo oculto

Novena Casa

Rahu

Interpretación:
- Desea la expansión
- Ambicioso en conocimientos superiores
- Creencias no convencionales

Rasgos positivos:
- Aventurero
- Actividades relacionadas con el crecimiento
- Perspicacia filosófica

Rasgos negativos
- Inquieto
- Dogmático
- No tiene en cuenta las normas culturales

Impacto de la colocación:
Influye en la espiritualidad, la educación superior y los viajes de larga distancia

Ketu

Interpretación:
- Alejamiento del dogma, sabiduría intuitiva - que conduce al crecimiento espiritual

Rasgos positivos:
- Desapego de las creencias
- Intuición
- Experiencias espirituales profundas

Rasgos negativos
- Sin fe
- Escéptico
- Desafíos en los viajes de larga distancia y en la educación superior

Impacto de la colocación:
Influye en la educación superior, las creencias espirituales y la exploración de nuevos horizontes

Casa Décima

Rahu

Interpretación:
- Necesidad de reconocimiento público
- Ambiciones profesionales
- Autoridad no convencional

Rasgos positivos:
- Ambición
- Enfoque original de la carrera
- Cualidades de liderazgo

Rasgos negativos:
- Manipulador en beneficio propio
- Inestabilidad profesional
- No tiene en alta estima las jerarquías tradicionales

Impacto en la posición:
Influye en la imagen pública, la carrera y los logros

Ketu

Interpretación:
- Alejado del éxito mundano
- Una llamada interior al servicio
- Servicio a los demás que conduce al crecimiento espiritual

Rasgos positivos:
- Desvinculado de las expectativas sociales
- Humildad
- Llamada interior al servicio

Rasgos negativos:
- Poco ambicioso
- Luchas con la autoridad
- Dificultades para progresar en la carrera

Impacto de la colocación:
Influye en la imagen pública, la vocación y el sentido de propósito

Casa Undécima

Rahu

Interpretación:
- Necesidad de conexiones sociales
- Ambiciones de implicación en la comunidad
- Amistades no convencionales

Rasgos positivos:
- Esfuerzos filantrópicos
- Capacidad para establecer redes
- Amistades relacionadas con el crecimiento personal

Rasgos negativos:
- Oportunista
- Alejado de las conexiones reales
- Socialmente manipulador

Impacto de la colocación:
Influye en las aspiraciones, los círculos sociales y la participación en la comunidad

Ketu

Interpretación:
- Alejado de las conexiones sociales
- Realización interior que conduce al crecimiento espiritual

Rasgos positivos:
- Separado de las expectativas de la sociedad
- Intuitivo para comprender las necesidades colectivas
- Amistades espirituales

Rasgos negativos:
- Lucha por formar amistades duraderas
- Socialmente desapegado
- Se siente fuera de lugar en entornos grupales

Impacto de la colocación:
Influye en las aspiraciones, las redes sociales y las conexiones con personas similares

Casa Duodécima

Rahu

Interpretación:
- Necesidad de crecer espiritualmente
- Escapismo
- Intereses no convencionales

Rasgos positivos:
- Empático
- Puede navegar por reinos invisibles
- Actividades místicas

Rasgos negativos
- Delirante
- Aislado de la realidad
- adicto

Impacto de la colocación:

Influye en la mente inconsciente, la espiritualidad y el alejamiento del materialismo

Ketu

Interpretación:
- Alejamiento de los deseos mundanos
- Introspección y entrega que conducen al crecimiento espiritual

Rasgos positivos:
- Iluminado
- No apegado a las ilusiones
- Percepciones de conocimientos ocultos

Rasgos negativos
- Solitario
- Escapismo
- Lucha con los límites

Impacto de la colocación:

Influye en la mente subconsciente, la espiritualidad y el desapego del materialismo

Es hora de centrar nuestra atención en el karma y las lecciones kármicas.

Capítulo 6: Lecciones kármicas

La astrología kármica también recibe el nombre de astrología centrada en el alma o evolutiva. Se trata de una rama astrológica centrada en el karma y en el viaje evolutivo que realiza su alma, que ahonda en la idea de que uno lleva consigo partes de sus vidas pasadas, lecciones y experiencias que pueden contribuir a dar forma a su vida actual.

La astrología kármica trata la carta natal de un individuo como un mapa que muestra el camino evolutivo de su alma. La carta natal examina los aspectos y la colocación de los planetas y los nodos Norte y Sur, que se cree que representan las intenciones evolutivas y las lecciones kármicas de un individuo.

Uno de los principios de la astrología kármica es el crecimiento personal y el libre albedrío [vi]

Principios clave

Algunos de los principios clave de la astrología kármica son:

- **Reencarnación y karma:** Los astrólogos kármicos creen firmemente en la reencarnación. Creen que el alma vive a través de varias vidas, aprendiendo y evolucionando de cada una de ellas. La sugerencia es que lo que hace en vidas pasadas deja una huella en usted, influyendo en lo que experimenta en su vida presente.

- **Nodos lunares:** Rahu y Ketu, los nodos Norte y Sur, respectivamente, son importantes en la astrología védica, más aún en la kármica. Representan el viaje evolutivo que realiza el alma. Rahu indica hacia dónde debe dirigirse, mientras que Ketu representa los patrones y tendencias de sus vidas pasadas.

- **Lecciones kármicas y propósito vital:** La astrología kármica observa dónde se sitúan los nodos lunares y, para ayudar a determinar el propósito vital y las lecciones kármicas, también examina sus aspectos relativos a otros planetas. El nodo Norte indica dónde se necesita desarrollo y crecimiento en la vida de un individuo, mientras que el nodo Sur representa las cosas que trajo consigo de sus vidas pasadas.

- **Contratos y relaciones del alma:** Esta astrología analiza la idea de que un alma establece un contrato o acuerdo con otra alma antes de encarnar. Esto da lugar a que se formen relaciones para garantizar el aprendizaje y el crecimiento. La astrología kármica estudia las cartas natales y la dinámica para comprender las lecciones y conexiones kármicas.

- **Sanación e integración:** Proporciona una visión de los retos, heridas y patrones kármicos de un individuo. Comprender y reconocer estos patrones le permite trabajar hacia la integración y la sanación y evolucionar espiritualmente.

- **Crecimiento personal y libre albedrío:** La astrología kármica puede centrarse en lo que usted trae de sus vidas pasadas, pero también destaca que usted tiene libre albedrío y debe asumir la responsabilidad personal de su vida. Todo el mundo puede trabajar conscientemente con sus lecciones kármicas y tomar las decisiones correctas, lo que conduce a una transformación positiva y al crecimiento personal.

La astrología kármica proporciona a todo el mundo un marco que le ayuda a comprender su trayectoria vital y sus dimensiones espirituales. Proporciona autorreflexión, orientación y una visión profunda del viaje evolutivo del alma, y le ayuda a superar los retos kármicos y a alinearse con el propósito de su vida.

La astrología kármica y su papel en la astrología védica

La astrología kármica desempeña un papel importante en la astrología védica porque se alinea con los principios del hinduismo, espirituales y filosóficos. El hinduismo es una antigua tradición india y es donde se originó la astrología védica. He aquí por qué la astrología kármica es importante en la astrología védica:

- Comprensión de la Ley de Causa y Efecto: La astrología védica reconoce esta ley que le dice que, por cada acción, hay consecuencias, y estas pueden llegar muy lejos en su vida presente. La astrología kármica le ayuda a comprender que lo que ocurre ahora en su vida, los retos a los que se enfrenta y las oportunidades que se le presentan están directamente relacionados con cosas que hizo en vidas pasadas. Le anima a asumir la responsabilidad de sus actos y le capacita para dar forma a su vida tomando decisiones conscientes.

- Explorar el viaje del alma: La astrología védica cree firmemente en la reencarnación, donde el alma de un individuo se encarna varias veces, cada vez aprendiendo y evolucionando. La astrología kármica le ayuda a indagar en el viaje de su alma, mostrándole asuntos sin resolver, deudas kármicas y lecciones de vidas pasadas que influyen en su vida actual. Cuando pueda comprender los patrones, podrá empezar a trabajar para equilibrar su karma y resolver los asuntos que le ayuden a crecer espiritualmente.

- Identificar nuestro propósito en la vida: La astrología kármica le ayuda a identificar su propósito en la vida - o su dharma. Le informa sobre sus puntos fuertes, talentos y desafíos, que suelen estar relacionados con experiencias de sus vidas pasadas. Cuando comprende las lecciones kármicas y su potencial, puede asegurarse de que sus acciones se alinean con el propósito de su vida, lo que conduce a un mejor crecimiento personal y a la realización interior.

- Nos guía en la transformación y la curación: La astrología kármica es una herramienta que le ayuda a autorreflexionar y le asiste en la transformación. Le ayuda a identificar y reconocer las limitaciones, los patrones y los asuntos sin resolver que se interponen en su camino hacia el progreso. Una comprensión profunda de las raíces kármicas de estos desafíos puede ayudarle a trabajar conscientemente hacia la transformación y la curación, mejorando así las circunstancias en su vida presente y para el futuro.

- Perspectivas predictivas: La astrología kármica utiliza el karma del pasado para permitirle ver las posibilidades y nuestro potencial para el futuro. Permite a los astrólogos identificar los patrones kármicos y comprender cómo influyen en la vida futura. Cuando puede reconocer los retos y las oportunidades que se le presentan, puede ser más consciente a la hora de trabajar con las elecciones de la vida y asegurarse de que sus decisiones se alinean con su propósito en la vida.

La astrología kármica es importante en la astrología védica, ya que proporciona una visión holística de su trayectoria vital. Hace hincapié en la importancia y el significado del crecimiento espiritual, la responsabilidad personal y la toma de decisiones conscientes en la vida.

Diferentes tipos de karma

La astrología védica reconoce varios tipos de Karma basados en las intenciones y acciones de un individuo. Los diferentes tipos reflejan las consecuencias de las acciones pasadas y cómo influyen en nuestra vida y experiencias presentes y futuras.

Estos son los tipos más comunes de Karma védico:

- Sanchita Karma se refiere al Karma que un individuo ha acumulado de vidas pasadas y llevado a su vida presente. Representa todas sus acciones negativas y positivas, incluyendo aquellas que aún no han sido experimentadas o resueltas. El Sanchita Karma influye en las oportunidades y circunstancias a las que se enfrenta un individuo en su vida presente.

- El Prarabdha Karma es un subconjunto del Sanchita, que se refiere a la sección madura del Karma acumulado, la sección que un individuo está destinado a experimentar en su vida actual. Representa situaciones, experiencias y desafíos a los que un individuo está predestinado a enfrentarse durante su vida presente. El Prarabdha Karma se considera el destino al que una persona se enfrenta y por el que tiene que trabajar.
- Kriyamana Karma: también llamado Agami Karma, este Karma es creado por las elecciones y acciones actuales de un individuo. Incluye todas las intenciones, acciones y decisiones que una persona hace en su vida actual, contribuyendo a sus experiencias futuras. El Kriyamana Karma puede intensificar o mitigar los efectos de las acumulaciones del Sanchita Karma.
- El Karma Anarabdha se refiere al Karma que aún no ha empezado a manifestarse, el Karma latente o dormido, o las semillas kármicas que se han plantado, pero que no han empezado a crecer. Estos potenciales pueden permanecer ocultos hasta que llegue el momento adecuado para su activación.
- Algo importante a tener en cuenta es que todos estos tipos de Karma no se consideran en realidad separados, ya que todos son aspectos de la dinámica del Karma. Todos están conectados, se influyen mutuamente y desempeñan un papel en la configuración del crecimiento espiritual y las experiencias vitales de una persona.

La deuda kármica

La deuda kármica y la filosofía del Karma están conectadas. La deuda kármica consiste en que las acciones de una persona en sus vidas anteriores influyen en la calidad y naturaleza de su vida actual. Lo que hizo y cómo actuó en vidas pasadas puede desequilibrar su energía, creando una «deuda» a la que se enfrenta como limitaciones, retos o situaciones difíciles en su vida actual.

La astrología védica le dice que todo el mundo nació con su propia carta astral, que muestra dónde se encontraban todos los cuerpos celestes en el momento y lugar exactos de su nacimiento. Esta carta le habla de sus vidas pasadas y de sus influencias kármicas, y se dice que ciertos aspectos, posiciones y combinaciones de planetas ponen de relieve las deudas kármicas que debe resolver en su vida actual.

La deuda kármica suele asociarse con la posición de Rahu y Ketu en la carta natal de un individuo. Rahu tiene que ver con los objetivos materiales, los apegos y los deseos, mientras que Ketu tiene que ver con el desapego, el crecimiento espiritual y las lecciones kármicas. Las casas específicas en las que se sitúan los dos nodos lunares y sus aspectos con los distintos planetas pueden indicar en qué aspectos debe ocuparse un individuo.

El hecho de que una carta astral muestre una deuda kármica no significa que sea negativa. Le indica que hay áreas de aprendizaje, crecimiento y evolución que debe aprovechar. Cuando pueda reconocer sus deudas kármicas, podrá aprender a ser autorreflexivo, tomar decisiones conscientes y hacer lo que sea necesario para resolver sus desequilibrios kármicos.

Señales de deuda kármica

1. No puede explicar algunos patrones y comportamientos

Suponga que experimenta ciertos patrones o comportamientos o un miedo irracional a algo que no tiene sentido para usted en su vida actual. En ese caso, es muy probable que provenga de una de sus vidas pasadas.

Ya sea un odio a todo lo feliz, desconfianza en la autoridad o miedo al agua, cualquier cosa que su vida actual no pueda explicar es probablemente el resultado de una deuda kármica.

2. Oportunidades de dominio

Si no hace nada por saldarla, la deuda kármica seguirá haciéndose notar, coaccionándole para que salde la cuenta y domine el Karma. Los ciclos kármicos incompletos son como cualquier patrón; si no aumenta su autoconciencia, se convertirán en un hábito. Siga ignorándolo y su Karma incompleto no hará más que acumularse.

3. Ha tenido relaciones kármicas

A veces, la deuda kármica está relacionada con las relaciones que haya podido tener en sus vidas pasadas. Las relaciones kármicas son intensas. Algunas personas, sin saberlo, buscan constantemente relaciones turbulentas, que podrían ser el resultado de algo que sucedió en una vida pasada. Aunque es probable que estas relaciones sean tóxicas, debe experimentar este tipo de relaciones si quiere saldar su deuda kármica.

4. Conoce al menos un tema repetitivo en su vida

Tanto si intenta ignorar sus deudas kármicas como si no, es muy probable que conozca los temas que se repiten a lo largo de su vida. El Karma incompleto puede hacerle sentir como si estuviera atrapado, y no puede dejar esto de lado. Este tipo de deuda puede ser abrumadora, pero, aunque sea difícil de superar, tiene que hacerlo.

5. Tiene uno o más números de deudas kármicas

Si realiza una carta numerológica personal, puede descubrir que tiene números de deuda kármica. Serán uno de los siguientes

- 13
- 14
- 16
- 19

Veamos cuáles son

Números de la deuda kármica

Dentro de un momento se le mostrará cómo calcular sus números, pero antes, echémosles un vistazo:

- **13:** si tiene un número de deuda kármica de 13, significa que fue egoísta y perezoso en su vida anterior. Cuando las cosas van mal, tiende a culpar a todo el mundo menos a sí mismo, y no se responsabiliza de nada. Usted es típicamente negativo y también puede ser testarudo y bastante controlador. En este caso, su Karma le dicta que sea responsable de sus actos.

- **14:** el número 14 indica que usted abusa de la libertad a través de una grave autoindulgencia o de la dominación de los demás. Es probable que se exceda, que luche con el autocontrol y que le cueste comprometerse. En este caso, su Karma es ser auto disciplinado y vulnerable en cuanto a otras personas.

- **16:** un número de deuda increíblemente desafiante, y puede que le cueste superarlo. Esto podría deberse a que usted tuvo un ego muy fuerte en una vida pasada y luchó en las relaciones con otras personas. Es posible que haya experimentado un buen número de relaciones que no funcionaron, que luchara por conectar con los demás y que fuera un egoísta. Su Karma es considerar cómo sus acciones afectan a los demás y ser más considerado con ellos.

- **19:** un número de deuda kármica de 19 dice que usted es completamente independiente y autosuficiente y puede haber tratado mal a los demás en una o más de sus vidas pasadas. Puede que sea narcisista, egoísta y/o manipulador, su imagen pública es más importante para usted que cualquier otra cosa y ve éxito personal donde no lo hay. Su Karma es dar prioridad a los demás, preocuparse por ellos y tener en cuenta sus sentimientos.

Cómo calcular su deuda

Aunque este libro se ocupa principalmente de la astrología védica y los nodos lunares, sería negligente no decirle cómo determinar su deuda kármica en numerología. No es difícil de hacer; su carta natal tiene cinco números centrales en ella, cada uno de los cuales influye en usted como persona y en su propósito en la vida. Busque esos números en su carta y mire cómo se calcularon; el número le indicará si necesita saldar una deuda.

He aquí cómo calcular los números:

Personalidad:

Se explica por sí mismo, le indica qué tipo de personalidad tiene y cómo se desarrollan sus relaciones. Calcularlo es sencillo: tome el mes y la fecha de su cumpleaños y sume todos los dígitos. Digamos que es el 4 de septiembre; sume 0 + 4 + 9, y obtendrá 13.

Relación con la deuda:

Para reducir 13 a un solo número, sume 1 +3, que es igual a 4. Ése es su número de personalidad, pero como el 1 y el 3 son 13, ése es su número de deuda kármica.

Trayectoria vital:

Su número de trayectoria vital es similar a su signo solar en la astrología védica y se calcula sumando los números de su fecha de nacimiento, como en el caso anterior, pero añadiendo el año.

Relación con las deudas:

Con una fecha de nacimiento del 14 de agosto de 2001, se suman así: 1 + 4 + 8 + 2 + 0 + 0 + 1, que es igual a 16. 1 + 6 es igual a 7 (su número del camino de la vida), y 16 es su número de la deuda kármica.

Expresión:

Se trata de sus pasiones y habilidades, y encontrará el número sumando los dígitos de su nombre utilizando la siguiente tabla:

1: A, J, S
2: B, K, T
3: C, L, U
4: D, M, V
5: E, N, W
6: F, O, X
7: G, P, Y
8: H, Q, Z
9: I, R

Relación con la deuda:

Supongamos que se llama Jackson. Utilizando la tabla anterior, usted sumaría 1 + 1 + 3 + 2 + 1 + 6 + 5, lo que equivale a 19. Su número de Expresión es 1 + 9, que equivale a 10 reducido a 1 + 0 = 1, y su número de deuda Kármica es 19.

Fecha de nacimiento:

Esta es solo la fecha en la que nació, indicando las habilidades que arrastra de sus vidas pasadas.

Relación con la deuda:

Si su fecha de nacimiento es el 13, su número de fecha de nacimiento es 1 + 3 = 4, pero su deuda kármica es 13.

Impulso del alma:

Este es el último número central y se relaciona con los deseos de su corazón. Calcule los números de cada consonante de su nombre -nombre, segundo y apellido- y súmelos. Aquí solo cuentan las consonantes, no las vocales.

Relación con la deuda:

Utilicemos el ejemplo de una persona llamada Jane Doe. Sume los números de las consonantes: J + N + D, que es 1 + 5 + 4, lo que equivale a 10. Ahora añada 1 + 0 para reducirlo a 1, su número de impulso del alma, y tendrá un número de deuda kármica de 10. Esto le dice que no tiene una deuda Kármica porque 10 representa un Karma completo.

Posiciones planetarias kármicas y casas kármicas

Las Casas kármicas y las posiciones planetarias kármicas desempeñan un papel considerable para ayudarle a comprender sus propios patrones kármicos y las lecciones que debe aprender en su vida actual. He aquí un desglose de las mismas:

Posiciones planetarias kármicas:

Se refiere al lugar en el que se sitúan ciertos planetas en una carta natal y a su condición. Se cree que estos planetas tienen implicaciones para el Karma de un individuo. Los planetas importantes son

- Saturno
- Rahu - Nodo Norte
- Ketu - Nodo Sur Veámoslos individualmente:

1. **Saturno:** El planeta más significativo en términos de Karma, nos indica dónde pueden surgir retos en la vida de una persona, dónde podría luchar en el futuro o enfrentarse a duras responsabilidades. Su colocación en la carta natal y sus aspectos con otros planetas indican dónde puede enfrentarse un individuo a oportunidades de crecimiento y a pruebas kármicas. La influencia de Saturno puede proporcionar varias lecciones que conduzcan al desarrollo espiritual y personal, como la perseverancia, la disciplina y la madurez.

2. **Rahu y Ketu:** Son los nodos lunares y, en astrología védica, se considera que caracterizan el eje kármico. Rahu tiene que ver con el crecimiento futuro, la ambición y el deseo, mientras que Ketu tiene que ver con el desapego, la evolución espiritual y las experiencias de vidas pasadas. Sus posiciones en su carta natal le indican qué áreas kármicas necesitan atención en su vida actual. La influencia de Rahu ofrece oportunidades para utilizar las experiencias mundanas para el crecimiento personal, mientras que la de Ketu proporciona el estímulo necesario para desapegarse de las cosas materiales y desarrollarse espiritualmente.

Casas kármicas

Las Casas Kármicas son casas asociadas a lecciones y temas kármicos. Son las siguientes

- Casa Primera
- Casa Cuarta

- Casa Octava
- Casa Novena
- Casa Duodécima

Casa Décima - ocasionalmente He aquí un desglose:

1. **La Casa Primera** es la casa del yo, también representa su trayectoria vital y su personalidad. Los aspectos o planetas significativos en la primera casa indican lecciones y patrones kármicos relacionados con el crecimiento personal, la autoexpresión y la identidad propia.
2. **La Casa Cuarta** es la casa del hogar y representa los cimientos familiares y emocionales. Cuando surgen influencias kármicas en esta casa, suelen representar problemas no resueltos o desafíos que surgen debido al bienestar emocional, los patrones ancestrales y la dinámica familiar.
3. **La Casa Octava** es la casa de la transformación, y también representa aspectos de su vida que mantiene ocultos y secretos. Las influencias kármicas suelen girar en torno a lecciones relacionadas con la sexualidad, los recursos compartidos, los patrones psicológicos profundos y las dinámicas de poder.
4. **La Casa Novena** es la casa de la educación superior, y también representa las creencias y la espiritualidad. Las influencias kármicas incluyen lecciones sobre crecimiento espiritual, creencias filosóficas y su búsqueda de la verdad y el significado.
5. **La Casa Duodécima** es la casa de la espiritualidad, y también representa los reinos ocultos y la mente subconsciente. Cuando surgen influencias kármicas en esta casa, suelen estar relacionadas con la soledad, la liberación de apegos kármicos, el crecimiento espiritual y los recuerdos de vidas pasadas.
6. **La Casa Décima** aparece ocasionalmente en una carta natal y es la casa de la carrera, la imagen pública y el estatus social. Cuando surgen influencias kármicas, suelen girar en torno a lecciones sobre la integridad, el propósito de su vida y las responsabilidades kármicas en público.

Por supuesto, éstos son solo algunos de los factores que intervienen en el análisis de las casas kármicas y las posiciones planetarias. La carta natal debe incluir conjunciones, aspectos y otras influencias para comprender completamente las lecciones y patrones kármicos.

Ha llegado el momento de poner en práctica todo lo que ha aprendido a medida que esta guía avanza hacia las cartas natales.

Capítulo 7: Ejemplos de cartas natales

En astrología védica, una carta natal se conoce como carta natal, horóscopo o Janam Kundli. Este diagrama indica la posición de los planetas cuando usted nació, algo así como si fuera un plano de su vida. Le habla de su personalidad, de cómo es usted como persona y de sus puntos fuertes y débiles. También trata de su potencial en la vida y de los acontecimientos a los que puede tener que enfrentarse más adelante.

Elementos clave

Estos son los elementos clave de un Kundli según la astrología védica:

1. **Los planetas:** un Kundli muestra dónde se sitúan los nueve planetas principales, según la astrología védica. Esos planetas se conocen como los Navagrahas, y son:
    - Sol
    - Luna
    - Marte
    - Mercurio
    - Júpiter
    - Venus
    - Saturno
    - Rahu - el nodo Norte

o Ketu - el nodo Sur

Cada planeta representa un aspecto vital específico con sus propias implicaciones y cualidades.

2. **Los signos** son los signos del zodiaco, también llamados Rashis, basados en la astrología sideral. Cada signo representa ciertas características y rasgos que influyen en los planetas específicos que se encuentran en ellos.
3. **Las Casas:** un Kundli está separado en 12 casas o Bhavas. Cada una representa un aspecto específico de la vida, como la carrera, la familia, la riqueza, la espiritualidad, etc. El lugar que ocupan los planetas en estas casas indica el aspecto de la vida en el que expresan su energía.
4. **El Ascendente:** el signo que se elevaba en el Este en el momento de su nacimiento, también llamado Lagna. Se considera la parte más importante de la carta astral porque representa el comportamiento de la persona, su aspecto físico y su forma de enfocar la vida. Marca el tono de toda la carta.
5. **Aspectos:** en astrología védica, los aspectos son las relaciones entre cada planeta. Los aspectos son la forma en que cada planeta influye en las casas o en otros planetas, influyendo así en determinadas áreas de la vida de un individuo y creando la dinámica entre las energías de los distintos planetas.
6. **Cartas divisionales:** en astrología védica, las cartas divisionales se utilizan para dar más detalles sobre determinadas áreas de la vida. Estas cartas, también llamadas Vargas, se centran en determinados aspectos de la vida.

Diferentes tipos de cartas natales

Existen diferentes tipos de cartas natales, que son las más comunes.

La carta del sur de la India

Esta carta representa el zodiaco en su disposición exacta. Sin embargo, en lugar del círculo utilizado habitualmente en la astrología occidental, utiliza un cuadrado con doce casillas más pequeñas. Cada recuadro representa un Rashi o signo zodiacal y siempre está situado en las mismas casillas. Observe el diagrama siguiente; la casilla vacía del centro es el planeta Tierra y el resto son el cinturón zodiacal, un «círculo» circundante de los signos del zodiaco:

PISCIS	ARIES	TAURO	GÉMINIS
ACUARIO			CÁNCER
CAPRICORNIO			LEO
SAGITARIO	ESCORPIO	LIBRA	VIRGO

Se trata de una carta basada en Rashi. Una vez completada la carta, mostrará los planetas en el recuadro con el signo zodiacal en el que se encuentra el planeta. El Ascendente o Signo Naciente se mostrará en el recuadro de la derecha, denotado por una de estas dos cosas

- Una línea diagonal que atraviesa la casilla
- Marcando la casilla con Lagna o ASC

Ventajas:

La mayor ventaja es que las cartas natales del sur de la India son increíblemente precisas a la hora de predecir los acontecimientos de la vida y facilitan la comprensión de cómo influyen los planetas en un individuo. También son detalladas, ofrecen un análisis complejo de los distintos aspectos de la vida de un individuo y muestran aspectos y posiciones planetarias. Porque esta carta tiene profundas conexiones con la antigua espiritualidad india, lo que nos permite ver cómo están conectados el individuo y el cosmos. Esto proporciona una visión precisa de los patrones kármicos y del propósito en la vida. Puede mover el Ascendente o elegir otro aspecto planetario para obtener una visión diferente de esta carta; no es necesario que elabore una nueva.

Dicho esto, si ha estado observando los aspectos en otras cartas, esta requerirá que haga un poco de recuento, pero, como en todo, la práctica hace al maestro. Contar es sencillo; vaya a la fila superior y busque Aries - consejo: siempre estará en la misma casilla, arriba en el centro. A continuación, cuente en el sentido de las agujas del reloj. Los números no son necesarios en ninguna casilla porque los signos tienen posiciones fijas en esta carta. Encontrar los números de las casas también es sencillo; solo tiene que empezar a contar desde el Lagna. Siempre puede colocar las casas en la carta si le resulta más fácil.

Puede comparar una carta Rashi y una del sur de la India muy fácilmente; solo tiene que ponerlas una al lado de la otra. Como los Rashis no se mueven, puede ver fácilmente dónde está el planeta de un individuo en relación con el planeta de otro individuo. Por ejemplo, podría encontrar las Lunas de ambos miembros de la pareja en la lectura de una relación y determinar si esta funcionará.

Como cada Rashi se asigna a la misma casilla, rellenarla con planetas es mucho más fácil, al no tener que apretujarlos en secciones más pequeñas y con formas extrañas.

La carta india del norte

A menudo conocida como formato diamante, esta carta es más astrológica y menos astronómica. Mientras que la carta del sur de la India se basa en los Rashis, esta se basa más en las Casas y los Rashis cambian de casilla. La casilla superior de la carta será siempre la primera y la inferior será siempre la séptima.

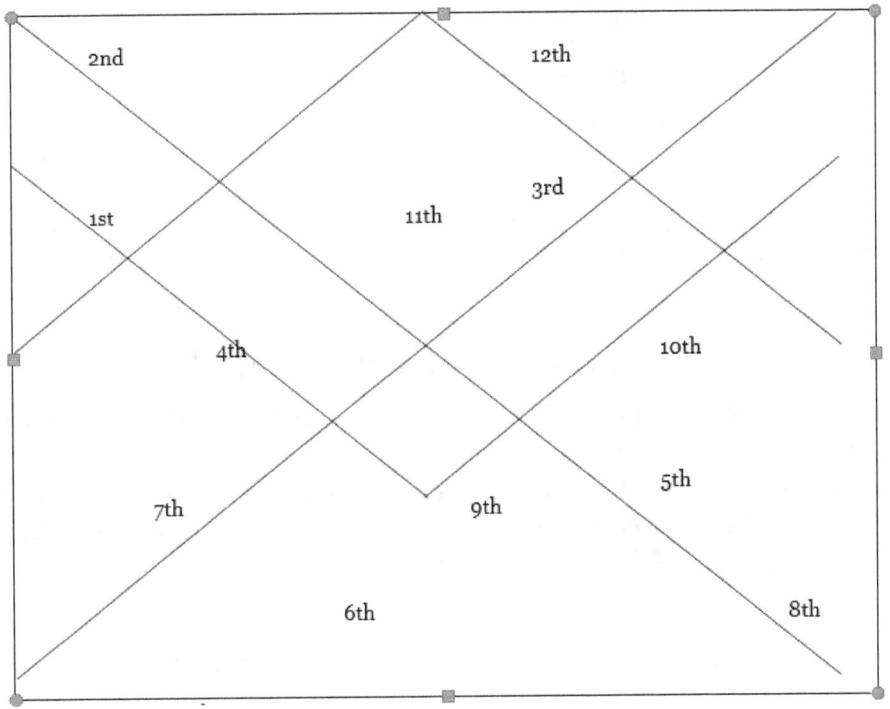

Ventajas:

La primera casa siempre está en el diamante superior del centro, y el conteo comienza a partir de esta y se desplaza en sentido contrario a las agujas del reloj. La mayor ventaja es que la casa en la que está asignado un planeta puede verse de un vistazo. Sin embargo, hay que volver a trazar toda la carta si se necesita una carta lunar o Chandra Lagna.

Sin numeración, la carta india del norte no es muy útil; el Rashi de cada casa solo puede determinarse con números. En esta carta, los números indican los Rashis, y están numerados como sigue:

- 1 - Aries (Mesha)
- 2 - Tauro (Varisabha)
- 3 - Géminis (Mithuna)
- 4 - Cáncer (Karka)
- 5 - Leo (Simha)
- 6 - Virgo (Kanya)
- 7 - Libra (Tula)
- 8 - Escorpio (Vrischika)

- 9 - Sagitario (Dhanusas)
- 10 - Capricornio (Makara)
- 11 - Acuario (Kumbha)
- 12 - Piscis (Meena)

Esta carta hace que una comparación de sinastría por casas sea sencilla, pero una comparación por Rashi no lo es tanto, sobre todo para los novatos.

La carta de las Indias Orientales

Una especie de mezcla entre las dos últimas cartas, la carta de las Indias Orientales se basa en los Rashis, y Aries siempre está fijo en la misma posición: casilla central superior. La cuenta es en sentido contrario a las agujas del reloj, el recuento de casas se hace manualmente, y el Lagna aparecerá siempre en la casilla correcta.

TAURO / GÉMINIS	ARIES	PISCIS / ACUARIO
CÁNCER		CAPRICORNIO
LEO / VIRGO	LIBRA	SAGITARIO / ESCORPIO

Ventajas:

Las cartas de las Indias Orientales y del Sur tienen las mismas ventajas. Se ajusta mucho a la disposición astronómica, con la Tierra en el centro y el cinturón zodiacal a su alrededor, y es más fácil ver las dignidades de los planetas. Sin embargo, a los novatos les puede resultar difícil contar las casas, ya que deben hacerlo manualmente a partir del Ascendente.

También permite ver la carta desde diferentes aspectos sin necesidad de volver a dibujarla. Como los Rashis permanecen siempre en el mismo lugar, no es necesario numerarlos.

La rueda del zodíaco occidental

La astrología occidental utiliza un diagrama de rueda para la carta astral, que nos ofrece una visión literal de la Tierra rodeada por los Rashis. Los zodiacos abarcan 360 grados, que se muestran en la carta como 12 divisiones iguales. El Ascendente se muestra siempre a la izquierda, y los Rashis van en sentido contrario a las agujas del reloj.

Esta carta muestra la colocación de los planetas -precisamente al grado- lo que facilita ver cómo interactúan los planetas entre sí.

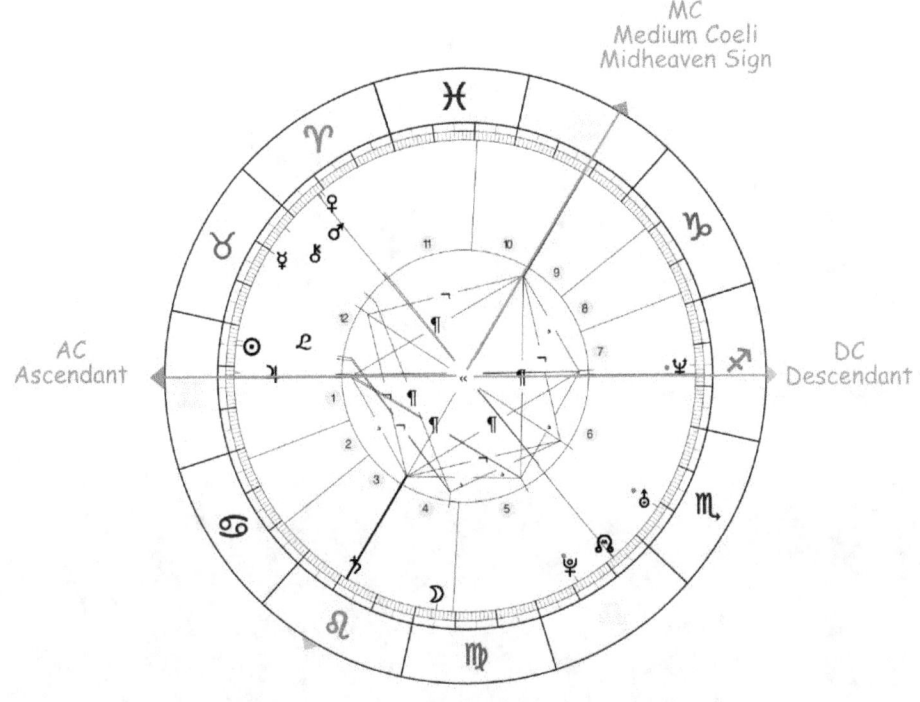

Muestra de la rueda del zodiaco occidental[xii]

Ventajas

Las ventajas de utilizar la rueda del zodiaco occidental son que es sencilla, ampliamente reconocida y más fácil de entender para muchas personas. También utiliza un enfoque psicológico, más centrado en la personalidad, los puntos fuertes, los retos y las motivaciones del individuo. Como carta astrológica, está en continua evolución, sobre todo a medida que se descubren nuevos planetas, y también facilita la comparación de dos individuos en términos de compatibilidad. Para comparar cartas, necesita dos círculos; el círculo exterior muestra la información de una carta, mientras que el círculo interior muestra la información de la otra.

Ahora pasemos a la parte interesante: descifrar su carta astral. El siguiente capítulo es bastante largo y enrevesado, así que asegúrese de comprender todo lo que ha leído hasta ahora. Cuando esté preparado, pongámonos a descodificar.

Capítulo 8: Descodificación de su carta natal

Un kundli es una carta natal, un diagrama utilizado para evaluar y predecir el futuro de un individuo. Para crear una, un astrólogo requerirá algunos detalles de usted, incluyendo su hora, fecha y lugar de nacimiento exactos. Los astrólogos védicos utilizan las cartas natales o Kundlis para determinar los acontecimientos pasados, presentes y futuros de la vida del individuo. También les informa sobre lo que hace que ese individuo sea quien es, como sus preferencias, inclinación espiritual y mucho más. En resumen, proporciona información sobre casi todos los aspectos de su vida, actuales y pasados. No es difícil leer un kundli; solo hay que entender primero ciertas cosas. Este capítulo le mostrará cómo descifrar su propia carta natal.

La importancia de un kundli

Los kundlis pueden determinar los problemas de su vida y cómo afrontarlos [viii]

Un Kundli ayuda a una persona a comprender los problemas que puede tener en su vida y a tratarlos. También proporciona ciertas soluciones y remedios a algunos de sus retos.

He aquí algunas de las razones por las que un kundli es tan importante:

1. Un kundli puede utilizarse para futuras relaciones y matrimonios. Se comparan los horóscopos de ambas partes para asegurarse de que son una buena pareja. En el hinduismo, un matrimonio no puede celebrarse si los Kundlis no coinciden. La carta también revelará ciertos detalles sobre la vida matrimonial, la pareja, su comprensión mutua y los posibles retos a los que se pueden enfrentar.

2. Un Kundli también nos habla de las dificultades que nos esperan en la vida, por no hablar de las oportunidades que pueden surgir, y nos dirá a qué tipo de obstáculos es probable que nos enfrentemos y cómo debemos manejar los momentos negativos.

3. Un Kundli analiza lo que le hace ser quien es; su personalidad, rasgos y características. En resumen, le dice quién es usted, por dentro y por fuera.

4. Un Kundli puede indicarle su potencial de riqueza, cómo le irán los negocios y su trayectoria profesional, y si podría participar en

empresas en el futuro. Puede decirle si las circunstancias estarán a su favor cuando tenga que tomar decisiones económicas.
5. Un Kundli también puede proporcionarle detalles sobre su salud - actual y futura- y su futura vida familiar. También le indicará sus estudios, si alguien está en su contra y su creatividad. Podrá comprender el éxito potencial, o no, de su vida, su factor salud y mucho más.

Sumerjámonos en los pasos que debe seguir para descifrar su Kundli.

Determine su Lagna o Ascendente

Esta es la hora y el lugar exactos en los que nació.

Su Lagna es su signo ascendente, el signo zodiacal que se alzaba en el horizonte oriental en el momento de su nacimiento. Como ya sabe, el cielo está dividido en 12 partes iguales de 30 grados cada una, una para cada signo. Su ascendente también tiene 30 grados y le indica lo que ocurría cuando usted nació y lo que podría ser en el futuro. También le indicará formas de aprender de las lecciones de la vida y aplicarlas para aprender más o enseñar a otros.

Calcular manualmente su signo ascendente es difícil y es mejor dejarlo en manos de un astrólogo profesional. Como alternativa, puede utilizar una de las muchas calculadoras gratuitas en línea, pero asegúrese de utilizar una de buena reputación. Sea cual sea el método que elija, necesitará cierta información.

Necesitará saber la hora exacta en la que nació y el lugar exacto. Este es su Lagna o Ascendente, y por eso realmente necesita saber la hora exacta en la que nació y el lugar exacto. Si no conoce su hora exacta, se suelen utilizar las 12 del mediodía, lo que, sin embargo, puede provocar imprecisiones en la carta.

Signos ascendentes o Ascendentes en astrología

En astrología védica, el Lagna de un individuo dice mucho sobre su personalidad. En su carta natal, el Signo Ascendente se sitúa en el centro, en la primera Casa. La primera Casa trata sobre su aspecto físico, lo que le gusta y lo que no, cómo fue su infancia y los puntos fuertes o débiles que tiene. También indica cómo verá su vida, su actitud, su comportamiento y mucho más. Cada Lagna tiene un elemento que le dice aún más sobre quién es usted.

Elementos del signo ascendente

Cada zodíaco, o Rashi, también tiene un elemento, y puede ver qué signos están asociados con qué elemento a continuación:

- **Signos de Aire:** Géminis, Libra, Acuario
- **Signos de Tierra:** Tauro, Virgo, Capricornio
- **Signos de Fuego:** Aries, Leo, Sagitario
- **Signos de Agua:** Cáncer, Escorpio, Piscis

Además, cada Lagna tiene también un planeta regente. El siguiente gráfico muestra los efectos que los planetas regentes y los elementos tienen en su vida y cómo se definen sus características:

SIGNO ASCENDENTE	SIMBOLO	PLANETA GOBERNANTE	CARACTERISTICAS
Aries	♈ Carnero	♂ Marte	Audacia Optimismo Pasión Franqueza
Tauro	♉ Toro	♀ Venus	Ambición Inteligente Confiable Decidido
Géminis	♊ Gemelos	Mercurio	Curioso Juvenil Amante de la diversión Entusiasta
Cáncer	♋ Cangrejo	Luna	Atento Sensible Matriarcal Dependiente

SIGNO ASCENDENTE	SIMBOLO	PLANETA GOBERNANTE	CARACTERISTICAS
Leo	♌ León	Sol	Creativo Extrovertido Seguro de sí mismo Dominante
Virgo	♍ Virgen	Mercurio	Inteligente Perfeccionista Amable Sofisticado
Libra	♎ Balanza	♀ Venus	Calculador Tendencioso Encantador Cerebral
Escorpio	♏ Escorpión	♂ Marte	Apasionado Profundo Reservado Misterioso
Sagitario	♐ Arquero	Júpiter	Curioso Sabio Inquieto Explorador
Capricornio	♑ Cabra-Pez	Saturno	Sincero Trabajador De corazón blando Tranquilo

SIGNO ASCENDENTE	SIMBOLO	PLANETA GOBERNANTE	CARACTERISTICAS
Acuario	♒ Portador de Agua	Saturno	Encantador Conmovedor Humanitario Sociable
Piscis	♓ Pez	Júpiter	Creativo Rígido Independiente Generoso

Grado del Sol Naciente

El grado del Ascendente indica lo intensa que será la influencia de su Signo Ascendente en su personalidad y en su vida. Digamos que el grado de su Signo Ascendente es bajo. En ese caso, tendrá muy pocas de las características asociadas a ese signo. Por el contrario, un grado más alto significa que tendrá más de ellas y que su carácter se verá más afectado, ya sea positiva o negativamente. Sin embargo, esto no debe tomarse al pie de la letra, sino que debe sumarse a todo lo demás que se desprende de su carta natal.

La diferencia entre sus signos Ascendente, Lunar y Solar

En primer lugar, la posición del Sol al nacer indica cuál es su signo solar. El Sol permanece en cada signo zodiacal alrededor de 30 días, por lo que los signos suelen basarse en su fecha de nacimiento. La mayoría de los horóscopos que lee en los periódicos o en Internet utilizan los signos solares, por eso suelen ser imprecisos. Cuando conoce su fecha de nacimiento exacta, conoce su Ascendente, lo que significa que las predicciones se realizan con mayor precisión.

Su signo lunar es el signo en el que estaba situada la Luna cuando usted nació. La Luna permanece en cada signo de dos a tres días, lo que significa que estos horóscopos son mucho más precisos que los horóscopos de signo solar.

Es posible que su Ascendente no sea el mismo signo en el que estaba la Luna cuando usted nació. Como este cambia con tanta frecuencia, los horóscopos Sol Naciente son los más precisos.

Las 12 casas y los planetas regentes

En la astrología védica hay 12 casas en una carta natal, cada una representativa de una determinada área de la vida. Hay un planeta regente asociado a cada Casa, y estos planetas regentes se clasifican como Buenos, Malos o Neutros. Su clasificación depende de algunos factores, como los signos del zodiaco, las reglas del planeta, el lugar en el que está situado y sus aspectos. Además, cada Casa se clasifica en uno de estos tres grupos: Cardinal/Kendra, Fija/Panapara y Cadente/Apoklima.

A continuación puede ver un gráfico que muestra cada Casa, su planeta regente, su clasificación y una interpretación:

Casa	Planeta regente	Clasificación	Interpretación
Primera – Lagna	- Sol	Cardinal/Kendra	Auto Personalidad Enfoque de la vida Apariencia física
Segunda	- Júpiter (tradicional) ♀ - Venus (Alternative)	Fijo/Panapara	Finanzas Valores Posesiones Familia Discurso
Tercera	♂- Marte	Cadente/Apoklima	Hermanos Comunicación Valor Viajes cortos Habilidades

Casa	Planeta regente	Clasificación	Interpretación
Cuarta	- Luna	Kendra/Cardinal	Familia Casa Madre Raíces Bienestar emocional
Quinta	- Júpiter (tradicional) - Sol (alternative)	Fijo/Panapara	Niños Creatividad Romance Inteligencia Educación
Sexta	♂ - Marte	Cadente/Apoklima	Trabajo Salud Enemigos Obstáculos Servicio
Séptima	♀ - Venus	Cardinal/Kendra	Matrimonio Asociaciones Matrimonio Enemigos abiertos Negocios
Octava	- Saturno	Fijo/Panapara	Longevidad Asuntos ocultos Lo oculto Herencias Transformación

Casa	Planeta regente	Clasificación	Interpretación
Novena	- Júpiter	Cadente/Apoklima	Filosofía Largos viajes Educación superior Suerte Espiritualidad
Décima	- Saturno	Cardinal/Kendra	Reputación Carrera Imagen pública Estatus social Autoridad
Undécima	- Júpiter (tradicional) - Saturno (alternative)	Fijo/Panapara	Red social Gana Amigos Ingresos Aspiraciones
Duodécima	- Saturno (tradicional) - Júpiter (alternative)	Cadente/Apoklima	Entidades ocultas Interpretación Finales Subconsciente Aislamiento

En cuanto a la clasificación de los planetas, son los siguientes:

Casa	Nombre Sanscrito	Clasificación
Primera	Lagna Bhava	Neutral a Bueno
Segunda	Dhana Bhava	Bueno
Tercera	Sahaj Bhava	Neutral
Cuarta	Sukha Bhava	Bueno
Quinta	Putra Bhava	Bueno
Sexta	Roga Bhava	Bueno a Malo
Séptima	Kalatra Bhava	Neutral to Bueno
Octava	Mrityu Bhava	Malo
Novena	Bhagya Bhava	Bueno
Décima	Karma Bhava	Bueno
Undécima	Labha Bhava	Bueno
Duodécima	Vyaya Bhava	Malo

Los aspectos negativos y positivos

El siguiente paso es identificar y analizar los aspectos negativos y positivos de los planetas. Cuando se hace esto en astrología védica, algunos aspectos se consideran negativos, mientras que otros se consideran positivos. Veámoslos con un poco más de detalle:

Aspectos positivos:
1. **Conjunción - Aspecto 0°:** cuando dos planetas están cerca el uno del otro, combinan sus energías y cada uno refuerza los efectos del otro. En las zonas que rigen estos planetas, esto puede dar lugar a una mayor intensidad y a una mejor concentración.
2. **Trígono - Aspecto 120°:** cuando tres planetas forman un aspecto de trígono, el flujo de energía resultante es armonioso. Esto fomenta la creatividad, la facilidad y los desarrollos positivos en todas las áreas gobernadas por los planetas.
3. **Aspecto sextil - 60°:** este aspecto representa posibilidades y oportunidades, fomentando la productividad, la cooperación y el crecimiento. Permite un trabajo equilibrado entre los planetas implicados.

Aspectos negativos:
- **Oposición - Aspecto de 180°:** este aspecto indica desafíos y tensión. Cuando los planetas están en oposición, se crean fuerzas opuestas y conflictos, que obligan a los individuos a realizar cambios en las áreas afectadas o a encontrar un equilibrio.
- **Cuadratura - Aspecto de 90°:** este aspecto tiene que ver con conflictos, obstáculos y luchas internas. Cuando los planetas se encuentran en un aspecto cuadrado, puede dar lugar a desafíos y fricciones, que deben superarse con resolución, determinación y esfuerzo.
- **Quincuncio - Aspecto 150°:** este aspecto sugiere ajuste y malestar, indicando que el individuo necesita comprometerse y adaptarse para asegurar que las energías de los planetas se reconcilien.

Aspectos principales

A continuación le explicamos con más detalle cómo afectan los Aspectos Mayores a su vida:

Conjunción

Las conjunciones se producen cuando dos planetas están cerca el uno del otro, normalmente compartiendo un signo del que solo les separan unos pocos grados. Su energía une fuerzas cuando esto ocurre, reforzando los efectos de cada planeta, creando una asociación positiva. El astro tiempo está relacionado con el tránsito de los planetas, lo que indica un aumento de la energía en un día en el que la energía de dos planetas se mezcla. La astrología de los tránsitos también nos dice que las conjunciones son un signo de nuevos comienzos. Por ejemplo, cuando la Luna y el Sol están en conjunción, se forma una Luna Nueva. Si esa conjunción es visible en su Kundli, usted ha nacido bajo uno de estos dos acontecimientos astrológicos: un eclipse solar o una Luna Nueva; esto significa que le resultará más fácil mantener coordinados su consciente y su subconsciente mientras persigue sus objetivos vitales actuales.

Sextil

Un sextil es un aspecto que se produce cuando 60 grados separan a un par de planetas; eso significa que hay dos Rashis entre ellos; esto se considera un aspecto agradable. Ambos planetas se encuentran en elementos que se complementan, por ejemplo, Fuego/Aire o Tierra/Agua. Esto significa que el flujo entre ellos es fácil y se proporcionan apoyo mutuo. Los Sextiles son personas ingeniosas, adaptables, versátiles y proactivas que siempre intentan mantener la armonía. Cuando se produce un Sextil, siempre que vayamos a por ello y nos esforcemos, podremos aprovechar nuevas oportunidades. Por ejemplo, si Neptuno y Venus están en sextiles en su carta natal, indica que usted es creativo y romántico. Supongamos que los planetas están en sextil en días aparentemente aleatorios. En ese caso, es probable que la persona sea más abierta de mente y de corazón, y que normalmente se sienta atraída por la belleza, el romanticismo y el arte.

Cuadratura

En este aspecto, existen tres signos zodiacales entre dos planetas, cada uno separado aproximadamente 90 grados. Es el momento de la batalla, ya que cada planeta se alinea para luchar. Estos planetas suelen compartir un tipo de signo, es decir, ambos son fijos, cardinales o mutables. Para ser justos, esto es todo lo que tienen; no tienen ningún otro punto en común. Como los dos planetas están en desacuerdo, este aspecto suele traer conflictos o tensiones, y la única salida es algún tipo de compromiso. Por ejemplo, Saturno y Marte aparecen en su carta natal en un aspecto Cuadrado; esto significa que suele sentir que todo el mundo está en su contra y que está sometido a críticas constantes por todo lo que hace. Según la astrología de tránsito, en los días en que Saturno y Marte se encuentran en este aspecto, debe esperar obstáculos y frustración. Sin embargo, aunque esto pueda parecer negativo, estos desafíos pueden ofrecerle las mayores recompensas; le enseñan a encontrar sus puntos fuertes y a producir soluciones.

Trígono

Un trígono es un aspecto que se produce cuando 120 grados separan un par de planetas; esto significa que hay cuatro Rashis entre ellos. Además, ambos planetas tienen el mismo elemento. Este aspecto trae suerte, oportunidades y mucha armonía, lo que facilita avanzar en la vida; normalmente, las oportunidades se presentarán allá donde vaya, sin ningún esfuerzo real por su parte. Sin embargo, esto puede provocar pereza; mientras que el aspecto cuadrado le obliga a trabajar para conseguir lo que desea, el trígono se lo entrega en bandeja. Por ejemplo, su carta natal muestra a Mercurio y Urano en trígono. Esto indica una persona de pensamiento rápido y mentalmente ágil, adaptable, de mente abierta, original y creativa. Son pensadores poco convencionales pero excelentes comunicadores. Es probable que los días en los que se produzca este trígono sean buenos, días que hagan que su creatividad y apertura mental unan sus fuerzas y brillen.

Oposición

Una oposición se produce cuando 180 grados separan a un par de planetas; eso significa que están enfrentados. Los signos opuestos pueden verse a continuación:

- Aries/Libra
- Tauro/Escorpio
- Géminis/Sagitario
- Cáncer/Capricornio
- Leo/Acuario
- Virgo/Piscis

Esta oposición puede aportar unión y equilibrio a través del compromiso, casi como si los planetas fueran dos piezas de puzle opuestas que encajan. Sin embargo, también puede presentar obstáculos. Los elementos planetarios son compatibles, por ejemplo, Tierra/Agua o Fuego/Aire. Esto demuestra que pueden unir sus fuerzas si lo desean. Sin embargo, como comparten un tipo de signo, es decir, fijo/cardinal/mutable, son algo obstinados y moverlos es como intentar mover el cielo y la tierra. Digamos que la Luna y el Sol están en oposición; podría significar que el Sol está en Aries mientras que la Luna está en Libra. Esto crea un tira y afloja entre la naturaleza individual y auto afirmativa de Aries y la naturaleza armoniosa de Libra (centrada en las relaciones). En la astrología de tránsito, la autoexpresión consciente del Sol y las necesidades emocionales de la Luna interactúan, aportando cierta tensión, pero proporcionando una visión de los patrones emocionales subyacentes. También puede afectar a las relaciones, pero le permite devolver la armonía y el equilibrio a su vida.

Aspectos menores

Pasemos ahora a los aspectos menores. Éstos no son tan pronunciados, pero aun así proporcionan una visión decente; suelen ser más mentales, espirituales o emocionales en sus efectos sobre usted.

Inconjunción/Quincuncio

Estos aspectos suelen provocar una sensación de inquietud. Una inconjunción se produce cuando un par de planetas están separados unos 150 grados. La relación entre ellos es desafiante pero sutil, y a veces provoca no poca incomodidad. Sin duda, uno de estos planetas tendrá una energía más dominante y fuerte que el otro.

La integración es necesaria, y trabajar con estas inconjunciones requerirá paciencia y voluntad para encontrar el camino correcto a seguir. Sin embargo, como las dos energías no son fluidas en su integración, esto no va a ser fácil. Podría pensar en este aspecto como un momento en el que necesita equilibrio en su vida y tiene que ser creativo en la forma de conseguirlo. Para ser justos, estos planetas no tienen puntos en común, así que será difícil conseguirlo, pero la perseverancia paga sus propios dividendos.

Quintil

Un aspecto en quintil tiene que ver con el acceso a sus talentos y sentidos agudizados, creando un ambiente de bienestar. Sin embargo, no sucederá así como así. Tiene que hacer que funcione. Los quintiles se producen cuando hay 72 grados entre dos planetas; una carta natal lo mostrará como un círculo que contiene una estrella de cinco puntas. Los quintiles le hacen más ambicioso, le permiten causar impacto y ser realmente usted mismo. También nos permiten ver las cosas desde una perspectiva diferente que los demás no perciben.

Semisextil

Un semisextil se produce cuando 30 grados separan a un par de planetas, y esto puede dar lugar a un flujo de energía suave y atractivo entre ellos. Esto nos indica que los planetas están interesados el uno en el otro, pero se necesita mucho trabajo para que surja algo. Los planetas están en signos zodiacales próximos, y los signos sucesivos o precedentes suelen ser diferentes, sin compartir nada, incluidas las modalidades, los elementos o las polaridades. Los planetas en semisextil se encuentran en signos zodiacales adyacentes y en signos zodiacales que les preceden. No pueden verse el uno al otro, por lo que resultan algo extraños, pero podemos obtener algún beneficio de los semisextiles. Se trata de una oportunidad de trabajar juntos para sacar lo mejor de una situación concreta. Aunque existe potencial para el entendimiento, este no se producirá automáticamente. Sin embargo, el riesgo de una mala comunicación puede evitarse, siempre que sea consciente de ello.

Semicuadrado

Estos dos planetas se miran de reojo. Están unidos en un ángulo de 45 grados en signos o casas contiguas. No hay tanta tensión como la que proporciona el aspecto cuadrado, pero sigue existiendo la posibilidad de que esa tensión le crispe un poco los nervios. El truco está en conectarse a tierra y mantener el equilibrio y la calma. De lo contrario, no superará la energía. Sea consciente de cómo responde a la tensión o al conflicto para poder tomar las mejores decisiones y mantener las cosas en su sitio.

Sesquicuadrado/Sescuadrado

Este aspecto se produce cuando 135 grados separan a dos planetas y crea una energía malhumorada. Ninguno de los planetas quiere trabajar con el otro, lo que crea una tensión sutil. La única forma real de hacer frente a esto es enfrentarse honestamente. No ceda al conflicto; en su lugar, ejerza el control y la moderación. Trabajar para superarlo es mejor que ser testarudo toda la vida.

Analice los yogas y los doshas

Para ello, necesita estudiar ciertas alineaciones y/o combinaciones de planetas en su carta natal. Estas tendrán una influencia específica en su vida y son muy significativas para usted. ¿Cuáles son? Siga leyendo y lo descubrirá.

A continuación le explicamos cómo analizarlos:

1. **Estudie las combinaciones planetarias:** Busque las combinaciones de planetas que forman los doshas y yogas en su carta natal. Para ello, fíjese en las colocaciones, los aspectos, las conjunciones y la fuerza de los planetas.

2. **Comprenda los yogas:** Los yogas son combinaciones planetarias favorables, que indican beneficios o puntos fuertes en determinadas áreas de su vida. Cada yoga tiene sus propios impactos y características, así que cuando identifique sus yogas, estudie sus efectos para ver su influencia en áreas de su vida como la espiritualidad, la salud, la carrera, la riqueza, etc.

3. **Interprete los Doshas:** Los doshas son combinaciones de planetas no muy favorables que indican obstáculos o desafíos en su vida y a menudo representan influencias negativas o desequilibrios kármicos. Cuando identifique sus doshas, estúdielos para identificar sus efectos en su vida. Tenga en cuenta que los doshas no son necesariamente indicadores de fatalidad, ni definitivamente negativos. También pueden enseñarle a crecer y brindarle oportunidades para ello.

4. **Piense en la dignidad y la fuerza:** Evalúe la dignidad y la fuerza de cada planeta. Un planeta fuerte bien situado puede acabar con los efectos negativos de los doshas y reforzar los efectos positivos de los yogas. Por el contrario, los planetas débiles pueden hacer que los desafíos de los doshas parezcan mucho mayores y debilitar las influencias positivas de los yogas.

5. **Fíjese en las posiciones de las casas:** Mire las casas en las posiciones de los yogas y los doshas. Estas le dan una idea de las áreas de su vida en las que influyen estas combinaciones planetarias. Piense en las implicaciones naturales de cada casa y en su interacción con las combinaciones para determinar sus efectos sobre usted y su vida.

6. **Pida ayuda:** Necesita entender la astrología védica para interpretar los yogas y los doshas, así que considere la posibilidad de pedir ayuda a un astrólogo profesional con mucha experiencia para que le ayude a comprender su significado.

Cada persona tiene una carta natal única, y debe analizar los yogas y los doshas de forma holística, asegurándose de tener en cuenta otros factores, como las posiciones planetarias.

Analizar los nakshatras y los dashas

Para ello debe comprender cómo influyen en su vida los Dashas (periodos planetarios) y los Nakshatras (mansiones lunares). Analícelos de la siguiente manera:

1. **Identifique el Nakshatra:** Averigüe en cuál estaba posicionada la Luna en el momento de su nacimiento. Como ya sabe, cada Nakshatra tiene una deidad regente, características y simbolismo. Estudie los rasgos y cualidades asociados a su Nakshatra particular para comprender sus tendencias, personalidad y temas potenciales a lo largo de su vida.
2. **Evalúe al Señor del Nakshatra:** Ya se mencionaron en el capítulo sobre los Nakshatras; son los planetas o señores del Nakshatra de la Luna en su momento de nacimiento. El señor influye en su comportamiento, bienestar emocional y experiencias vitales. Estudie sus aspectos, fuerza, posición y condición para comprender su impacto en su vida.
3. **Interprete los Nakshatra Padas:** Cada Nakshatra se divide en cuatro cuartos iguales llamados Pada. Éstos le proporcionan más información sobre determinadas áreas de su vida, como el crecimiento personal, la espiritualidad, las relaciones, etc. Fíjese en el Pada, donde están posicionados los planetas importantes, para saber más sobre ciertas influencias y resultados relacionados con esas áreas.
4. **Estudie los Dashas:** Un Dasha es un periodo planetario que se desarrolla en determinados momentos de su vida. Busque los períodos y subperíodos Dasha actuales, llamados Bhuktis, para determinar qué energías planetarias son dominantes en un momento dado. Estudie la naturaleza de los planetas en los Dashas y sus implicaciones, y averigüe cómo influyen en determinadas áreas de su vida a lo largo de esos periodos. Preste mucha atención a las experiencias o acontecimientos importantes que se produzcan con determinados Dashas.
5. **Considere las interacciones de los Dasha:** Observe cómo interactúan los Dashas de diferentes plantas y analice sus relaciones. Algunos se complementarán y crearán buenos momentos, mientras que otros chocarán casi con toda seguridad, causando muchos desafíos. Estudie los Dashas para determinar su secuencia y duración y así conocer mejor la trayectoria de su vida y las experiencias y temas asociados a cada periodo.
6. **Pida ayuda:** Una vez más, interpretarlos no es fácil para un principiante, así que pida ayuda a un astrólogo profesional para que le ayude a comprender el significado de los Dashas y los Nakshatras

en su carta natal.

Los Dashas y los Nakshatras son integrales en la astrología védica, y ser capaz de analizarlos proporciona una comprensión más profunda de su carta natal. La naturaleza cíclica de los Dashas y el rico simbolismo de los Nakshatras le dirán mucho sobre los temas de su vida y las distintas etapas por las que pasará.

Lectura de un Kundli védico

Terminemos con un rápido vistazo a cómo leer su propia carta:

Determine su signo ascendente

Como ya sabe, este signo es el que se encontraba en su primera casa cuando nació. El número de cada sección, o casa, representa el Ascendente o Signo Naciente del individuo. Puede ver a continuación que utilizamos números ordinarios para los signos del zodíaco; si ve números romanos en su carta, indican las casas:

1 - Aries

2 - Tauro

3 - Géminis

4 - Cáncer

5 - Leo

6 - Virgo

7 - Libra

8 - Escorpio

9 - Sagitario

10 - Capricornio

11 - Acuario

12 - Piscis

Comprenda cada casa y su influencia y significado:

Hay 12 casas y cada una aparece en la carta natal de un individuo; cada una está relacionada con un aspecto de usted y de su vida. Esto significa que cada planeta o signo de una casa tendrá cierta influencia en cómo le afecte esa casa. Ya sabe que los números romanos denotan las casas en la carta anterior; he aquí cuáles son:

Numeral Romano	Casa	Representación
I	Primera Casa	Auto Rasgos y características físicas Personalidad Características
II	Segunda Casa	Conocimientos primarios Riqueza Familia Finanzas
III	Tercera Casa	Habilidades Comunicación Hermanos menores Esfuerzos Hobbies
IV	Cuarta Casa	Madre Felicidad Tierra Educación secundaria Propiedad Vehículos
V	Quinta Casa	Creatividad Educación superior Amor Asuntos del corazón Ingenio Progenie Experiencias de vidas pasadas

Numeral Romano	Casa	Representación
VI	Sexta Casa	Profesión Deuda Defensa Enfermedad Enemigos
VII	Séptima Casa	Matrimonio Relaciones duraderas Parejas de larga duración Importación/exportación Imagen pública Cónyuge
VIII	Octava Casa	Acontecimientos inesperados Longevidad Investigación
IX	Novena Casa	Enseñanza superior Creencias Padre Suerte Religión Mentor Viajes de larga distancia
X	Décima Casa	Karma/acciones Profesión Trabajo Carrera

Numeral Romano	Casa	Representación
XI	Undécima Casa	Ingresos Ambición Ganancias Hermanos mayores
XII	Duodécima Casa	Experiencia

Identifique los nueve planetas de su carta natal

Cuando usted nace, su kundli único toma una instantánea del cielo, mostrando la posición de las constelaciones y los planetas en el momento exacto en que usted llega al mundo. Necesita comprender los planetas, los nombres abreviados que verá en su carta y su significado:

Planeta	Abreviación	Significado
Sol -	Su	Regla Fuente de energía Fuente de vida Rey de todos los planetas Naturaleza masculina
Luna -	Mo	Mente Interior Intelecto Buena memoria Fertilidad Naturaleza femenina
Mercurio -	Me	Discurso Comunicación Intelectual Ingenioso Calculador

Planeta	Abreviación	Significado
Marte - ♂	Ma	Valentía Pasión Mal genio Físicamente cuerda Argumentativo Hermanos menores Atrevidos
Venus - ♀	Ve	Placer materialista Amor Belleza Romance Matrimonio Música Amistad Arte
Júpiter -	Ju	Educación superior Espiritualidad Investigación
Saturno -	Sa	Terreno Propiedad Desgracia Secreto Pena Trabajo duro Nombre/fama Prestigio

Planeta	Abreviación	Significado
Rahu	Ra	Extranjeros Abuelos Viajes al extranjero Juego Robos Problemas de salud aún por diagnosticar Finanzas Exceso de ambición Pérdida de reputación
Ketu	Ke	Inclinación espiritual Abuelos Electrónica Supersticiones

Determine la exaltación y la debilitación planetarias

A continuación, determine qué planetas se encuentran en exaltación y debilitación. La exaltación es cuando un planeta tiene una energía y cualidades más fuertes cuando se encuentra en una Rashi determinada. En este momento, el planeta está haciendo su mejor trabajo y se encuentra en su momento más positivo.

Por el contrario, la debilitación es cuando el planeta y el signo no están sincronizados; más bien, uno agita al otro, debilitando la influencia del planeta y proporcionando un resultado típicamente desfavorable. El siguiente gráfico muestra todos los detalles que necesita conocer de un vistazo:

Planeta	Signo Regente	Signo Exaltado	Signo Debilitado
Sol	Leo	Aries	Libra
Luna	Cáncer	Tauro	Escorpio
Venus	Tauro / Libra	Piscis	Virgo
Marte	Aries / Escorpio	Capricornio	Cáncer
Saturno	Acuario / Capricornio	Libra	Aries
Júpiter	Sagitario / Piscis	Cáncer	Capricornio
Mercurio	Géminis / Virgo	Virgo	Piscis
Rahu	N/A	N/A	N/A
Ketu	N/A	N/A	N/A

Ser capaz de leer y comprender su Kundli le proporcionará una visión general de su vida, pero para obtener una visión más detallada y un conocimiento más profundo, debe buscar la orientación de un astrólogo experimentado.

Capítulo 9: Remedios astrológicos

Eleanor Roosevelt dijo una vez: «La felicidad no es un objetivo; es un subproducto de una vida bien vivida». La mayoría de la gente vive su vida buscando constantemente la felicidad y la paz y hará todo lo humanamente posible para que las cosas vayan como ellos quieren. Pero hay más de lo que es humanamente posible. Su vida está regida desde arriba por los planetas y sus posiciones maléficas y benéficas en sus cartas natales. En pocas palabras, los actos de un individuo -buenos o malos- y su Karma y las posiciones de los planetas son importantes para marcar su camino en la vida.

El buen Karma conduce a una vida buena y feliz, mientras que el mal Karma conduce a una vida llena de dificultades y problemas en muchas áreas de su vida, como las finanzas, la salud y más. Como tal, nada es aleatorio en su vida; todo lo que ocurre está predefinido debido a las colocaciones planetarias, de casas y signos cuando nace.

La astrología védica le dice que los planetas de su carta natal pueden ser benéficos, es decir, que resuenan con energía positiva y traen efectos positivos a su vida, o pueden ser maléficos, lo que significa que traen negatividad y malos efectos. También pueden ser neutrales, lo que significa que no aportan ni buena ni mala energía. La astrología védica también le dice que hay algunos remedios que puede utilizar para eliminar los signos maléficos. Estos remedios pueden mejorar su vida eliminando los efectos negativos del planeta maléfico.

La terapia con piedras preciosas es una forma de remedio astrológico*

Existen muchos tipos diferentes de remedios, entre los que destacan los védicos (los transmitidos a través del tiempo) y los contemporáneos (formulados pensando en el mundo actual). Como podrá discernir, algunos remedios son conceptos relativamente nuevos y no se habrían hecho en el pasado simplemente porque ciertos lugares y cosas no existían. Algunos ejemplos son donar dinero, bienes o tiempo a una residencia de ancianos o a un orfanato.

Por qué son eficaces los remedios

Los remedios son simplemente soluciones antitoxinas, salvo que se trata de antitoxinas mágicas, misteriosas y clarividentes. Estas soluciones eliminan, o al menos diluyen, los efectos que el mal Karma del pasado ha traído a su vida actual. A estas alturas, ya debería comprender que lo que hizo en sus vidas pasadas afecta a su vida actual.

Un remedio es un proceso por el cual usted hace algo o se abstiene de hacer algo que ha adquirido el hábito de hacer. Algunos remedios son védicos, lo que significa que se han hecho a través de las eras, mientras que otros son relativamente nuevos.

Antes de examinar algunos remedios, es necesario comprender lo que la gente ha estado haciendo durante muchos años, por lo que he aquí algunos de los remedios comunes que la gente practica:

Terapia con piedras preciosas:

Se cree que las piedras preciosas aprovechan la energía de ciertos planetas, canalizándola hacia la vida de la persona que las utiliza. Cada piedra está asociada a un planeta determinado, y llevarla o utilizarla puede potenciar sus aspectos beneficiosos al tiempo que elimina los efectos maléficos.

Las piedras preciosas suelen elegirse en función de las influencias planetarias de un individuo, tal y como aparecen en su carta astral. Por ejemplo, el zafiro azul se asocia con Saturno y llevarlo puede aportar riqueza, estabilidad y disciplina, mientras que el rubí se asocia con el Sol y puede reforzar las cualidades de liderazgo y la vitalidad.

Canto de mantras:

Un mantra es una frase o sonido sagrado que se repite para inducir una determinada vibración. Puede atraer energía positiva y equilibrio a su vida si canta un mantra relacionado con un planeta o deidad determinados. Cada planeta tiene mantras diferentes, que pueden cantarse tan poco o tan a menudo como sea necesario para apaciguarlos, y son poderosos, ya que resuenan con determinadas frecuencias del planeta.

El mantra «Om Namah Shivaya» se canta para reducir o eliminar los efectos negativos procedentes de Marte y se asocia con el Señor Shiva, mientras que el «Om Brihaspataye Namaha» apacigua a Júpiter.

Se cree que cantar mantras con regularidad proporciona beneficios espirituales, purifica la mente y alinea al individuo con las energías del planeta.

Meditación del yantra:

Un yantra es un diagrama geométrico que representa planetas o deidades. Se cree que meditar en uno ayuda a centrar la mente y alinear la energía con la del planeta o deidad concreto que representa el yantra. Los yantras se utilizan mucho en la meditación y para ayudar a una persona a atraer influencias positivas a su vida.

Rituales védicos y homas:

Los rituales védicos, también llamados pujas o yagyas, giran en torno a la realización de una ceremonia y la realización de una ofrenda a una fuerza planetaria o deidad. Suelen realizarlos astrólogos o sacerdotes cualificados, y se cree que aplacan las influencias de planetas específicos y traen buena suerte y bendiciones al individuo.

Los rituales y homas son bastante complejos y suelen comprender oraciones, ceremonias de fuego y ofrendas para apaciguar a los planetas. Un homa es un ritual de fuego en el que se ofrecen materiales sagrados como hierbas y ghee mientras se recita un mantra. Las ofrendas se hacen en un fuego consagrado.

Se cree que los rituales ayudan a traer armonía entre las energías y permiten que los planetas y las deidades envíen bendiciones.

Donaciones y/o actos caritativos:

Se cree que cuando una persona dona dinero, objetos o tiempo o realiza un acto caritativo, puede borrar el karma negativo y aplacar las influencias maléficas. Lo más frecuente es donar dinero, alimentos, ropa y otros artículos necesarios a los menos afortunados, con la esperanza de eliminar las influencias negativas.

Devolver algo a través de la caridad se considera honorable en algunas culturas, y se cree que estas cosas generan energías positivas y aportan equilibrio y armonía a su vida.

Ayunar:

El ayuno es comúnmente seguido en muchas religiones y culturas. En términos de astrología, se dice que una persona puede reducir las influencias negativas de un planeta ayunando en los días asociados a ese planeta. Por ejemplo, ayune un sábado si necesita apaciguar a Saturno, un martes para apaciguar a Marte o un jueves para apaciguar a Júpiter.

El ayuno es una forma de purificación y autodisciplina, y ayuda a limpiar la mente y el cuerpo y proporciona una conexión más fuerte con las energías divinas.

Objetos remediadores astrológicos:

Las piedras preciosas no son los únicos objetos que una persona puede utilizar para los remedios astrológicos. Hay muchos otros disponibles, como amuletos y talismanes. Se cree que éstos tienen una energía protectora y suelen guardarse en algún lugar personal o llevarse puestos. Los abalorios Rudraksha están hechos de semillas del árbol Rudraksha y suelen llevarse como pulseras o collares; se asocian con el bienestar y el crecimiento espiritual.

El objeto que utiliza una persona se basa en sus requisitos astrológicos y le proporcionará protección y potenciará la energía positiva.

Una cosa importante que hay que tener en cuenta es que los remedios astrológicos son totalmente subjetivos y se basan exclusivamente en sus necesidades y creencias. Algunas personas encuentran un gran consuelo cuando siguen los remedios astrológicos y creen que aportan cambios positivos a sus vidas. Sin embargo, debería consultar con un astrólogo cualificado o un practicante védico antes de empezar a utilizarlos.

¿Cuándo es el momento adecuado para los remedios?

Una de las partes más importantes del uso de remedios astrológicos es elegir el momento adecuado para hacerlo. La eficacia del remedio está influida por varios factores, entre ellos la posición de los planetas en determinados momentos. He aquí algunos aspectos que debe tener en cuenta a la hora de elegir el momento adecuado:

1. **Horas planetarias:** cada planeta está asociado a horas planetarias, que son horas específicas del día. Estas se basan en la hora de la salida y la puesta del sol, y elegir la hora que se alinea con el planeta que desea fortalecer o apaciguar puede hacer que el remedio sea más eficaz. Por ejemplo, si está cantando un mantra a Júpiter, elija la hora planetaria adecuada, pero tenga en cuenta que esto cambia a diario.

2. **Días propicios:** algunos planetas tienen días favorables o propicios, por ejemplo, el martes para Marte, el jueves para Júpiter, etc. Los efectos positivos aumentarán considerablemente si elige días propicios para realizar sus rituales o remedios para un planeta. Puede que necesite la ayuda de un astrólogo para determinar los días propicios para cada remedio.

3. **Tránsitos planetarios:** indica el movimiento planetario a través de cada signo del zodíaco y puede tener una gran influencia sobre el momento en que realice sus remedios. Cuando un planeta se mueve a través de una posición o signo favorable, ése es un buen momento para los remedios relacionados con ese planeta. Por ejemplo, supongamos que Venus está en Libra (su propio signo). En ese caso, es un buen momento para los remedios relacionados con Venus, como realizar rituales de armonía o amor.

4. **Carta natal personal:** su carta natal es uno de los mayores indicadores de cuándo es el momento adecuado para realizar

remedios. La posición de los planetas en el momento de su nacimiento debe tenerse en cuenta junto con los tránsitos y progresiones planetarias actuales. De nuevo, busque el consejo de un astrólogo experimentado para encontrar el momento adecuado.

5. **Selección de Muhurta:** Muhurta es otra forma de referenciar el momento propicio para los remedios y otras actividades astrológicas. La selección de muhurta requiere que estudie las posiciones de los planetas e identifique sus influencias para averiguar cuál es el mejor momento para el remedio. Esto puede incluir aspectos como la alineación de los planetas benéficos, la ausencia de influencias maléficas y las condiciones favorables del momento propicio.

Fortalecimiento de los planetas

En la astrología védica, la vida de cada individuo está regida por nueve planetas. Si los nueve planetas son fuertes en la carta natal de un individuo, esa persona será lo suficientemente fuerte como para luchar contra lo que la vida le depare. Cada planeta desempeña un papel en la vida humana. Cuando un planeta se encuentra en una posición débil en el horóscopo, su efecto se experimentará de muchas maneras a lo largo de la vida. Por ejemplo, el individuo carecerá de habilidades y fortuna, no tendrá una vida tranquila y no será fuerte ni estable.

No puede cambiar su carta astral, pero puede trabajar para fortalecer los planetas utilizando remedios para apaciguarlos.

Hacerlo requerirá que haga cambios en su rutina, vida, alimentación y comportamiento, pero utilizar los siguientes remedios puede ayudarle a traer prosperidad y paz a su vida:

Cómo fortalecer el sol:

- Cada mañana, pase algún tiempo sentado a la luz del sol
- Coma su última comida del día antes de que se ponga el sol
- Beba el agua de un recipiente de cobre
- Utilice únicamente muebles de madera
- Cante el Surya Mantra a diario para dar energía al planeta de su carta natal

El Mantra de Surya:

Namah Suryaya Shantaya Sarvaroga Nivaarine,
Ayurarogya Masivairyam Dehi Deva Jagapate.

La traducción al español es:

Surya Deva, Gobernante del Universo, tú eres el removedor de toda enfermedad, el depositario de la paz. Me inclino ante ti, y por favor bendice a tus devotos con larga vida, salud y riqueza.

Cómo fortalecer la Luna:

- Cambie su dieta. Coma alimentos frescos e integrales y mucha fruta. No coma alimentos fríos por la noche
- No malgaste el agua

Cómo fortalecer Marte:

- No utilice palabras negativas
- Evite utilizar un tono enfadado
- Piense cinco veces o más antes de decir algo
- Cante el Hanuman Chalisa a diario

El Hanuman Chalisa

De 40 versos, el Hanuman Chalisa es un himno devocional, y los versos primero y último son:

Shri Guru Charan Saroj Raj,
Nij Man Mukur Sudhari,
Barnau Raghubar Bimal Jasu,
Jo Dayaku Phal Chari.

Traducido al español:

Con el polvo de los pies de loto de Sri Guru,
limpio el espejo de mi mente y recito
La gloria pura del Señor Ram, el supremo entre la dinastía Raghu,
Quien otorga los cuatro frutos de la vida.

Y el último verso:

Pavan Tanay Sankat Haran,
Mangal Moorti Roop,
Ram Lakhan Sita Sahit,
Hriday Basahu Sura Bhoop

Y la traducción al español:

Oh Hanuman, el hijo del viento,
el removedor de todas las penas, la encarnación de la auspiciosidad,
Reside en mi corazón, junto con el Señor Ram, Lakshman y Sita,
El Rey de los Devas

Cómo fortalecer a Buda

- Coma más verduras verdes a diario
- Escuche buena música
- No utilice productos cosméticos a todas horas
- Báñese con regularidad y mantenga limpio su entorno

Cómo fortalecer a Júpiter

- Respete a sus mayores
- No se involucre en cotilleos, ni ociosos ni de otro tipo
- Utilice el color amarillo: vista ropa amarilla, tenga enseres amarillos en su casa y utilice cúrcuma

Cómo fortalecer a Venus

- Respete a las mujeres de su familia y de su vida
- Evite el despilfarro
- Coma yogur natural a diario
- Lleve ropa limpia y brillante

Cómo fortalecer a Rahu y Ketu

- Para fortalecer a Rahu, evite los sentimientos celosos y piense y hable en positivo
- Para fortalecer a Ketu, deje ir el pasado y concéntrese firmemente en su futuro.

Remedios para la salud

La astrología védica proporciona varios remedios relacionados con la salud, y los más comunes son:

1. **Adore al Señor Dhanvantari y haga ofrendas apropiadas:** El Señor Dhanvantari es la deidad de la curación y la salud, y cuando le rinda culto y le haga las ofrendas apropiadas, entre ellas

- Flores frescas, especialmente de loto
- Queme incienso, resinas o hierbas aromáticas
- Encender una lámpara de aceite delante de un ídolo o imagen del Señor Dhanvantari
- Agua ofrecida en una caracola o pequeño recipiente
- Prasadam - comida vegetariana bendecida (sin ajo ni cebolla)
- Hojas de tulsi - albahaca santa
- Recite el mantra del Dhanvantari

Mantra del Dhanvantari:

Om Namo Bhagavate Vasudevaya Dhanvantaraye
Amritakalasha Hastaya Sarvamaya Vinashanaya
Trilokya Nathaya Shri Mahavishnave Namaha

Traducción al español:

Saludos al Divino Señor Vasudeva (otro nombre del Señor Vishnu) y al Señor Dhanvantari,

Quien sostiene la vasija de néctar en sus manos,

El destructor de todas las dolencias y enfermedades,

El Señor de los tres mundos (físico, astral y causal),

Me inclino ante el gran Señor Vishnu

2. **Prácticas ayurvédicas:** El ayurveda es el antiguo sistema de medicina india que trabaja en estrecha colaboración con la astrología védica. Su salud florecerá cuando incluya prácticas ayurvédicas en su vida y siga los principios ayurvédicos. Esto incluye seguir una dieta sana y equilibrada según su tipo de cuerpo específico, practicar yoga y/o ejercicio con regularidad y utilizar remedios y hierbas ayurvédicas cuando sea necesario.

3. **Ofrecer o donar alimentos/dinero/artículos:** Donar a los menos afortunados que usted se considera un remedio muy poderoso. Cualquier acto desinteresado aporta energía positiva a su vida y aumenta su bienestar. Donar alimentos a orfanatos, hospitales y comedores o participar en una colecta de alimentos en su comunidad puede beneficiar su salud mental y física.

4. **Cantar mantras:** Cantar mantras específicos para la salud y el bienestar puede potenciar eficazmente su salud. Tres de los más

comunes son el Dhanvantari Mantra, el Maha Mrityunjaya Mantra y el Gayatri Mantra, y cantados regularmente con pura intención y devoción, pueden repercutir positivamente en su salud mental y física.

5. **Realizar Yagya o Homa:** Como ya ha aprendido, estos rituales de fuego sagrado invocan las bendiciones de varias deidades. Puede realizar yagyas u homas relacionados con la salud, como el Maha Mrityunjaya Yagya o el Ayushya Homa, para asegurarse una buena salud y pedir intenciones divinas. Sin embargo, este tipo de rituales suelen realizarlos astrólogos o sacerdotes experimentados.

6. **Remedios planetarios:** Los planetas específicos están asociados con la salud y todos los asuntos relacionados en la astrología védica. Si un planeta específico de su carta natal le está dando problemas en el departamento de la salud, puede utilizar remedios para fortalecerlo. Esto podría incluir rituales específicos o llevar piedras preciosas asociadas con ese planeta.

Debe tener en cuenta que los remedios astrológicos védicos no deben sustituir a un tratamiento profesional. Si padece una afección médica grave o se siente indispuesto, también debe acudir al médico.

Remedios para la carrera

1. **Adore al Señor Ganesha:** El Señor Ganesha es considerado el eliminador de obstáculos y la deidad del éxito y la sabiduría. El Señor Ganesha debe ser adorado antes de que usted se dirija a un nuevo trabajo o cambie su trayectoria profesional en la vida; esto le ayudará a traerle bendiciones y a eliminar los obstáculos en su camino. Se deben hacer regularmente ofrendas de incienso, flores y dulces al Señor Ganesha, junto con sus oraciones más sinceras.

2. **Cantar mantras:** Elija un mantra asociado con el éxito y el crecimiento en su carrera, ya que se dice que son increíblemente beneficiosos. Algunos de los más comunes son el Navagraha Mantra, el Saraswati Mantra y el Gayatri Mantra, todos ellos recitados para ayudar a mejorar las habilidades profesionales, el conocimiento y el éxito. Recitarlos regularmente con devoción y concentración le traerá nuevas oportunidades y energía positiva.

3. **Ofrezca agua al Sol:** En la astrología védica, el Sol representa el poder, la autoridad y el crecimiento profesional. Se considera que ofrecer agua al Sol al amanecer mientras se recita el Surya Mantra

o el Gayatri Mantra trae suerte en el avance profesional. Se cree que invoca las energías positivas del Sol e impulsa sus perspectivas profesionales.

4. **Donaciones/Acciones caritativas:** Cuando lleva a cabo actos de compasión o caridad, crea buen Karma, que a su vez repercute favorablemente en su vida profesional. Los mejores actos caritativos son donar a instituciones educativas, participar en proyectos de servicio a la comunidad relacionados con el desarrollo de habilidades y apoyar a las personas menos afortunadas.

5. **Yantra para el éxito:** Ya sabe que un yantra es un diagrama geométrico y un mantra asociado a una influencia planetaria o deidad específica. Por ejemplo, el Sri Yantra es poderoso para la prosperidad y el éxito. Energizar un Sri Yantra y colocarlo en su lugar de trabajo o poner uno pequeño en su bolsillo o bolso puede impulsar el crecimiento de su carrera y sus vibraciones positivas.

6. **Realice una Puja Navagraha:** Este ritual está dedicado a los nueve planetas e implica oraciones y rituales diseñados para equilibrar y apaciguar las influencias planetarias sobre su carrera profesional. Este tipo de ritual suele llevarlo a cabo un astrólogo cualificado que le guiará a través del ritual en función de sus necesidades y posiciones planetarias.

7. **Terapia con piedras preciosas:** Se sabe que las piedras preciosas son portadoras de energías positivas cuando se utilizan de la forma adecuada. Llevar o utilizar piedras preciosas asociadas a los planetas relacionados con la carrera y la vida profesional - Saturno (Zafiro azul) o el Sol (Rubí) le ayudará a mejorar su crecimiento profesional. Elija las piedras preciosas adecuadas en función de su carta astral específica.

Practique sus remedios con fe, sinceridad, dedicación y trabajo duro. No son una panacea, sino que pretenden mejorar y apoyar sus esfuerzos.

Relaciones/matrimonio

1. **Adore a la Diosa Parvati y al Señor Shiva:** El Señor y la Diosa son la pareja divina, que representa la armonía en el matrimonio y las relaciones duraderas. Cuando les rinda culto, hágalo con devoción y ofrezca oraciones que le ayuden a solucionar los problemas de su matrimonio. Una pareja puede hacer un ritual o ceremonia conjunta, buscando las bendiciones del Señor Shiva y la Diosa

Parvati para una relación larga, amorosa y armoniosa.

2. **Cantar mantras:** Hay algunos mantras específicos para la armonía, el amor y la felicidad conyugal, y cantarlos puede proporcionar ayuda. Los dos más recitados son los mantras Swayamvara Parvathi y Om Namah Shivaya, ambos atraen el amor y ayudan a fortalecer el vínculo entre las personas de la relación. Recitarlos con regularidad, solo o en pareja, puede aportar positividad al matrimonio.

3. **Observe el Vrat:** Esto significa ayunar; hacerlo en determinados días asociados con la armonía en una relación o matrimonio aporta vibraciones positivas. El Karva Chauth vrat lo suelen hacer las mujeres casadas y está dedicado a garantizar la longevidad y el bienestar de sus maridos. Ayunar en el día adecuado reforzará el vínculo entre ustedes.

4. **Realice una Puja Navagrah:** Como ya se ha mencionado, se trata de un ritual dedicado a los planetas. Cuando lo lleve a cabo, asegúrese de que su atención se centra en hacer más fuertes a los planetas benéficos asociados con las relaciones y el matrimonio - esto incluye a Júpiter y Venus. Hacerlo eliminará o reducirá muchos problemas matrimoniales.

5. **Lleve piedras preciosas:** Las piedras preciosas asociadas a los planetas de las relaciones, es decir, Júpiter (Zafiro amarillo) y Venus (Diamante), se recomiendan para mejorar la armonía en su matrimonio. Estas gemas potencian las energías positivas en torno a la comprensión, el compromiso y el amor.

6. **Busque ayuda astrológica:** Busque la orientación de un astrólogo experimentado para comprender mejor qué puede estar causando los problemas en su matrimonio o relación. Ellos examinarán su carta astral y le recomendarán remedios específicos, como los mencionados anteriormente, una vez que hayan analizado los planetas y su influencia e impacto en su relación.

Vida amorosa

1. **Adore al Señor Kamadeva:** La deidad védica del deseo y el amor, debería adorar al Señor Kamadeva con devoción y ofrecerle oraciones para ayudar a traer el amor a su vida o mejorar una relación romántica actual. Ofrezca regularmente oraciones o realice rituales para buscar las bendiciones del Señor Kamadeva para una relación amorosa.

2. **Cante mantras:** Algunos mantras se asocian con el romance y el amor; cantarlos puede atraer amor y vibraciones positivas a su vida. Dos de los más recitados son el Kamadeva Gayatri y los mantras Kleem, utilizados para invocar la energía del amor. Cántelos regularmente con sinceridad y concentración para aportar mejoras a su vida amorosa.
3. **Potencie su energía de Venus:** Venus es el planeta de la belleza, el romance y el amor, según la astrología védica. Cuando refuerza la energía de este planeta, puede beneficiar significativamente su vida amorosa. Para ello, lleve piedras preciosas asociadas a Venus, como un diamante, un topacio blanco o un zafiro blanco, y también puede añadir tonos pastel, rosas o blancos a su vestuario para crear una atmósfera romántica.
4. **Realice una Puja Navagraha:** Rendir culto a los nueve planetas puede aportar armonía y equilibrio a las energías planetarias que influyen en su vida amorosa. Más concretamente, debe prestar mucha atención a dónde están situados Venus y Marte en su carta natal, y sus influencias pueden ayudarle a realizar la Puja Navagraha para equilibrarlos y fortalecerlos.
5. **Ofrezca flores:** Identifique a las deidades asociadas con las relaciones y el amor y ofrézcales flores frescas, concretamente rosas. Hacer estas ofrendas a la Diosa Lakshmi o al Señor Krishna puede potenciar el romance y el amor en su vida. Haga sus ofrendas con devoción y oración, y exprese claramente su deseo de tener una relación amorosa.
6. **Practique el autocuidado y el amor propio:** Ambos son fundamentales para atraer y alimentar el amor en su vida. Cuide su bienestar emocional y físico, haga cosas que le hagan feliz y construya una mentalidad positiva. Sea autorreflexivo y trabaje duro en su crecimiento personal; la energía positiva irradia cuando practica el amor propio y le ayudará a atraer las relaciones adecuadas.
7. **Busque ayuda astrológica:** Consulte a un astrólogo védico para conocer mejor los planetas y su influencia en su vida amorosa. Un astrólogo profesional examinará su carta natal, identificará las posiciones planetarias y cualquier desequilibrio u obstáculo, y le recomendará las prácticas y remedios adecuados para ayudarle.

No lo olvide; para que los remedios astrológicos funcionen, debe ser sincero en sus esfuerzos, abierto en su comunicación y desear genuinamente la conexión y el amor.

Esta guía termina con un capítulo importante: un glosario de términos que le ayudará a entender todo lo que lea y oiga sobre los nodos lunares y la astrología védica.

Capítulo extra: Glosario de términos

Aprender todo sobre la astrología védica y los nodos lunares ya es bastante difícil, pero lo es aún más cuando no se entienden las definiciones y los términos utilizados. A continuación encontrará los términos más comunes con los que es probable que se encuentre:

A

- **Akshavedamsa (uhk-shah-veh-dahm-suh):** más conocida como D-45, es una de las cartas divisionales o Varga, a veces llamada Pancha-Chatvaryansh. Se utiliza para ayudar a un astrólogo a determinar aspectos del carácter y la personalidad de un individuo.
- **Amrita (uhm-ree-tuh):** es el «néctar de la inmortalidad», y también se refiere a un momento en el que las influencias planetarias son favorables, lo que indica positividad y armonía.
- **Artha (ahr-thuh):** representa la riqueza y la prosperidad, los afanes materiales y los asuntos prácticos y profesionales.
- **Ascendente:** el signo en el horizonte oriental cuando nace una persona, indica su aspecto y personalidad.
- **Ashtakavarga (uhsh-tah-kah-vahr-guh):** sistema que analiza los puntos fuertes y débiles de los planetas en su carta natal.
- **Aspecto:** la influencia de un planeta dirigida a otro en su carta.

- **Atma (aht-muh):** representa el yo, la realidad absoluta del universo.
- **Avasthas (uh-vahs-thahs):** en astrología védica, indica las condiciones o estados de los planetas. Proporciona información sobre cómo se comportan los planetas en su carta natal, su actividad y su fuerza.
- **Ayanamsha (ah-yuh-nuhm-shuh):** la diferencia entre el zodíaco sideral y el tropical en longitud.
- **Ayurveda (ah-yoor-veh-duh):** sistema de medicina natural de la India.

B

- **Bala: (bah-luh):** este término se utiliza habitualmente en astrología védica para describir el poder o la fuerza de un planeta. Representa la capacidad inherente del planeta para producir efectos desfavorables o favorables en función de sus aspectos y posición.
- **Bhanga: (bahng-guh):** se utiliza para denotar cuando un yoga o combinación planetaria se anula o cancela. Esto sucede cuando factores o condiciones específicos contrarrestan el potencial o los efectos de una combinación planetaria, negando o disminuyendo el resultado.
- **Bhava (bahng-guh):** una carta natal tiene 12 bhava, o casas, cada una de las cuales representa un aspecto de la vida de un individuo: riqueza, carrera, personalidad, relaciones, etc.
- **Bhukti (bhuhk-tee):** un periodo dentro de un periodo mayor o dasha.

C

- **Cardinal:** estos cuatro signos del zodiaco son los primeros de cada estación: Aries es primavera, Cáncer es verano, Libra es otoño y Capricornio es invierno.
- **Chakra (chuh-kruh):** los centros energéticos del cuerpo, cada uno con una influencia específica de los planetas
- **Chaturthamsa (chuh-tur-thahm-suh):** la D-4, esta carta es también una Varga o carta divisional. Un astrólogo la utiliza para determinar el capital fijo, las propiedades mobiliarias y la suerte

de un individuo.

- **Chaturvishamsa: (chuh-tur-vee-shahm-suh):** la D-10 es otra carta divisional o Varga que un astrólogo utiliza para determinar las propensiones de aprendizaje, educación, conocimiento y donación de un individuo a lo largo de su vida.

- **Chatvaryansh: (chuh-tvah-ryahn-shuh):** también llamada Chaturvimsamsa, es una de las cartas divisionales utilizadas en la astrología védica. Separa un signo del zodiaco en 24 partes, todas del mismo tamaño, cada una de las cuales representa una determinada área de la vida. Proporciona una visión del potencial, las capacidades y las habilidades de un individuo en diferentes ámbitos.

- **Combustión:** describe el estado de un planeta cuando está demasiado cerca del Sol; las significaciones de ese planeta se debilitan.

- **Conjunción:** se combinan las energías de dos o más planetas en la misma casa.

- **Cúspide:** línea invisible que separa dos signos zodiacales o casas contiguas en la carta natal.

D

- **Dasamsa (duh-suhm-suh):** la 10ª división de la carta natal ofrece más información sobre la trayectoria profesional del individuo.

- **Dasha (duhsha):** periodos planetarios que dividen la vida de un individuo en periodos separados, cada sección con un planeta regente diferente. Un astrólogo analizará el calendario y los efectos de cada periodo para hacer predicciones.

- **Dashmansh (duhsh-muhn-shuh):** la carta D-10 es diferente porque no tiene nada que ver con la carta natal lagna del individuo. En su lugar, se utiliza para determinar detalles sobre la trayectoria profesional actual de un individuo, sus posibles carreras para el futuro y sus objetivos empresariales y sociales.

- **Debilitación:** un planeta en debilitación se encuentra en su posición más débil y vulnerable, por lo que puede tener efectos negativos.

- **Dharma (duhr-muh):** el propósito y el deber de un individuo en la vida.

- **Carta divisional:** las cartas divisionales son cartas natales separadas y más pequeñas que se utilizan para proporcionar una visión adicional de determinadas áreas de la vida de un individuo.
- **Dosha (doh-shuh):** se trata de un periodo de aflicción o desequilibrio en una carta natal que puede causar algunas dificultades a un individuo. Los doshas primarios son Kapha, Vata y Pitta.
- **Drekkana (dreh-kah-nuh):** esta carta contiene las afinidades de la tercera casa y se relaciona con los hermanos.
- **Dreshkana (drehsh-kah-nuh):** la carta D-3 es una carta divisional/Varga que ayuda al astrólogo a determinar información sobre las aficiones y los hermanos de un individuo. Esto enlaza con la casa 3, que proporciona detalles sobre los hermanos, y la D-3 da información sobre la casa 3, el valor del individuo, sus habilidades comunicativas, sus hermanos y sus acciones para conseguir sus deseos.
- **Drishti (drish-tee):** se trata de cómo un planeta proyecta su energía a través de la carta astral; lo hace mediante su influencia en los signos zodiacales en los que no reside.
- **Dusthana (duhs-thah-nuh):** las casas 6ª, 8ª y 12ª son colectivamente las dusthana, todas ellas con una asociación a algún tipo de sufrimiento, es decir, la casa 6ª se asocia con la enfermedad, la 8ª con la muerte, mientras que la casa 12 se asocia con la pérdida.
- **Dwadamsha (dwah-duhm-shuh):** una de las cartas de división; proporciona más información sobre las vidas anteriores, los padres, la herencia (ancestral) y el karma de vidas pasadas.
- **Dwara: (dwuh-ruh):** Dwara es la palabra sánscrita que significa puerta o entrada. En astrología, se utiliza para referirse al punto de entrada o cúspide de un signo o casa específicos en la carta natal de un individuo. Indica una transición entre diferentes áreas vitales y describe el flujo de energía entre ambas.

E

- **Efemérides (ih-feh-muh-ris):** los astrólogos la utilizan para elaborar las cartas natales y los movimientos de los planetas.

- **Exaltación:** indica cuándo un planeta manifiesta su forma más elevada de energía y es increíblemente poderoso.

F

- **Fijos:** los rashis estables a los que no les gustan los cambios; los signos son Acuario, Leo, Escorpio y Tauro.

G

- **Gochara (goh-chuh-ruh):** es el estudio de las posiciones de tránsito de los planetas y de cómo afectan a los individuos. El movimiento planetario se analiza en relación con las posiciones natales de la carta natal.
- **Graha Drishti (gruh-huh- drish-tee):** describe el aspecto de un planeta sobre otro, haciendo referencia a la influencia que tiene la posición de un planeta sobre otro o sobre una casa específica.
- **Graha (gruh-huh):** palabra sánscrita que significa «planeta». Incluye los cuerpos celestes que todos podemos ver, como la Luna y el Sol, y los que no, como los nodos lunares (Rahu y Ketu).
- **Gyana: (gyah-nuh):** esta palabra sánscrita se traduce como sabiduría o conocimiento. En astrología, se refiere a la perspicacia y comprensión intuitivas que surgen del conocimiento metafísico o espiritual. También indica un alto nivel de iluminación y conciencia.

H

- **Hora (hoh-ruh):** la 2ª carta divisional, conectada con la 2ª casa en una carta Rashi; Hora está relacionada con la riqueza.
- **Horóscopo:** mapa o diagrama que indica la posición de los cuerpos celestes cuando nació una persona; se utilizan para hacer predicciones.
- **Casa:** el zodíaco se divide en 12, cada una de las cuales se denomina casa. Cada una influye en un aspecto determinado de la vida de un individuo.

J

- **Jaimini: (jai-mih-nee):** se refiere al sistema astrológico llamado Jaimini, que debe su nombre a un sabio llamado Jaomini Maharishi. Se trata de una antigua tradición con sus propias técnicas, principios e interpretaciones de cartas. Se centra en determinadas significaciones y aspectos planetarios.

- **Jyotish (jyoh-tish):** término sánscrito que significa astrología, concretamente astrología védica.

- **Jyotishi (jyoh-tish-ee):** astrólogo que utiliza el sistema de la astrología védica.

K

- **Kama (kah-muh):** representa la pasión y el deseo.

- **Kapha (kah-fuh):** energía o dosha ayurvédica que representa las cualidades tranquilas y estables.

- **Karaka (kah-ruh-kuh):** significador planetario de ciertos aspectos de la vida.

- **Karma (kahr-muh):** una influencia que causa un efecto, normalmente de acciones en una vida anterior. En pocas palabras, es un caso de lo que va, vuelve; cómo trate a los demás y lo que haga en una vida pasada volverá a usted.

- **Kendra (ken-druh):** representa las casas angulares, que representan los aspectos más importantes de la vida y son significativas; son las casas 1ª, 4ª, 7ª y 10ª. Dicho esto, los planetas en cualquiera de estas casas tendrán un impacto significativo en un individuo, pero los de la casa 10 se consideran los más influyentes y no deben subestiMartee.

- **Ketu (kay-too):** el nodo sur de la Luna, creado por la decapitación de Rahu.

- **Khavadamsha (khuh-vah-duhm-shuh):** la carta D-40 es una carta Varga/divisional que un astrólogo utiliza para determinar los resultados auspiciosos/inauspiciosos de un individuo. También se conoce como Chatvaryansh.

- **Krishna Paksha (krihsh-nuh-puhk-shuh):** la mitad oscura de un mes, también conocida como Luna menguante.

- **Kundli (koon-dlee):** Nombre védico de la carta natal.

L

- **Lagna (luhg-nuh):** el Ascendente o el signo ascendente en la carta natal de un individuo. Es el planeta que se elevaba en el horizonte oriental cuando nació una persona y determina su personalidad y su aspecto físico.

- **Señor del Lagna:** el planeta regente del Lagna, este planeta desempeña un papel importante a la hora de determinar su influencia y su fuerza.
- **Lahiri: (lah-hee-ree):** se refiere a una popular efeméride védica llamada Efeméride Lahiria. Ofrece posiciones precisas de los planetas y otros datos utilizados para los cálculos astrológicos. Esta efeméride se suele utilizar para realizar cálculos de cartas y predicciones precisas.
- **Lajjitaadi: (luh-jee-tah-dee):** es un término astrológico védico que describe un grupo de condiciones (avasthas) que se atribuyen a diferentes planetas. Estos avasthas representan las dignidades o estados de los planetas en función del lugar que ocupan en la carta natal de un individuo. Proporcionan una visión del comportamiento, la fuerza y el efecto del planeta en la vida de un individuo.

M

- **Mahadasha (muh-huh-dah-shuh):** palabra sánscrita que se traduce como «periodo importante». Es un periodo planetario que repercute en la trayectoria vital de un individuo durante una duración determinada desde el momento del nacimiento.
- **Mantra:** secuencia de palabras o sonidos que proporcionan vibración; se utilizan para apaciguar a los planetas y suelen emplearse como remedios astrológicos.
- **Maraka (muh-ruh-kuh):** significa literalmente «asesino». Sin embargo, significa muerte a la salud/longevidad en astrología. Las casas Maraka son la 2ª y la 7ª.
- **Moksha (mohk-shuh):** iluminación espiritual y el concepto de ser liberado del ciclo vida/muerte.
- **Moolatrikona (moh-luh-trih-koh-nuh):** un poderoso rango de grados en una Rashi con una fuerte influencia sobre un planeta específico. Los planetas en moolatrikona son más fuertes que en su propio signo, pero no tanto como cuando están en exaltación.
- **Muhurta (muh-hoor-tuh):** elección del momento adecuado para iniciar una nueva empresa u ofrecer remedios astrológicos. Debe realizarse un análisis cuidadoso para elegir el momento adecuado

para obtener los mejores resultados.

- **Mutables:** los signos del zodíaco adaptables y variables. Son Géminis, Piscis, Sagitario y Virgo.

N

- **Astrología Nadi:** rama de la astrología védica centrada en las predicciones sobre el pasado, el presente y el futuro de un individuo. Utiliza manuscritos llamados Nadis u hojas de palma para hacer predicciones y se practica normalmente en el sur de la India.

- **Nakshatra (nahk-shah-truh):** las 27 constelaciones en las que se divide el zodiaco se denominan mansiones lunares o Nakshatras.

- **Nakshatra Dasha (nahk-shah-truh-duh-shuh):** periodos planetarios basados en las Mansiones Lunares; el sistema tiene en cuenta la secuencia de Nakshatra, incluido el planeta regente de cada uno, para elaborar los efectos y el calendario de los distintos periodos.

- **Señor del Nakshatra:** cada Nakshatra tiene un planeta regente conocido como Señor. El Señor del Nakshatra añade ciertas influencias y cualidades al individuo en función de su carta natal única.

- **Navagraha:** los nueve planetas de la carta natal de una persona: Sol, Moro, Marte, Mercurio, Júpiter, Venus, Saturno, Rahu y Ketu.

- **Navamsha (nuh-vuhm-shuh):** casi tan importante como la carta natal en la astrología védica, la navamsha se utiliza en la astrología occidental y proporciona una visión adicional de las relaciones a largo plazo. También ayuda a determinar si las indicaciones de una carta astral se manifestarán con facilidad o con dificultad. Algunos astrólogos dicen que el navamsha es el horóscopo del alma y que el Rashi representa otras condiciones de la vida de un individuo.

- **Neecha-Bhanga Raj Yoga (nee-chuh-buhn-guh rahj yoh-guh):** una combinación de planetas que mitiga o anula el debilitamiento de un planeta específico, aportando efectos más positivos, como éxito, poder y riqueza.

- **Nodos:** hay dos nodos en la sombra unidos a la Luna: Rahu (Norte) y Ketu (Sur). No se pueden ver, pero indican la intersección de la eclíptica y la Luna cuando esta orbita, provocando un eclipse.

P

- **Pakshala Bala (puhk-shuh-luh bah-luh):** es cuando la fuerza de la Luna cambia a un ciclo diferente. Su fuerza cambia a lo largo del mes lunar, lo que suele denominarse creciente (aumento) y menguante (disminución). Algunos astrólogos dicen que cuando la Luna está a menos de 120 grados del sol, es débil. Por el contrario, se considera fuerte cuando les separan más de 120 grados.
- **Pancha: (puhn-chuh):** esta palabra sánscrita significa cinco y, en astrología védica, se utiliza para describir el concepto de los cinco principios o elementos fundamentales: Tierra, Aire, Agua, Éter (espacio) y Fuego. Los elementos son sobre los que se construye el mundo material; cada uno tiene sus propias energías y cualidades.
- **Panchang (puhn-chahng):** almanaque o calendario utilizado para obtener información astrológica, como las posiciones planetarias. Puede utilizarse para ayudar a una persona o a un astrólogo a determinar el Muhurat para realizar una tarea o remedio específico, es decir, encontrar el mejor momento. El panchang tiene 5 miembros: Tithi (fecha), Nakshatra, Vaar (día), Karan y Yog.
- **Pitta (pih-tuh):** el dosha del Ayurveda que rige el elemento fuego.
- **Prakruti (pruh-kroo-tee):** constitución natural de una persona; es una indicación de los doshas irritantes y de la debilidad.
- **Prashna (pruhsh-nuh):** también llamada horaria, es una rama de la astrología que gira en torno a la respuesta a preguntas utilizando la información del momento en que se formularon. En el momento en que se formula la pregunta, un astrólogo analizará la carta astral.
- **Prishtodaya (prish-toh-dah-yuh):** los signos que se elevan en Oriente en la segunda parte del día: Aries, Cáncer, Capricornio, Sagitario y Tauro.

R

- **Rahu (rah-hoo):** el nodo Norte de la Luna
- **Rahu-Ketu:** el nombre colectivo de los nodos Norte y Sur; Rahu y Ketu son planetas sombra y son puntos celestes importantes con un enorme impacto en los patrones kármicos y la vida de un individuo.
- **Raja Yoga (rah-juh yoh-guh):** poderosas combinaciones planetarias o posiciones que representan la autoridad, el poder y el éxito.
- **Rashi (rah-shee):** otro término para los signos del zodíaco; hay 12 de ellos, cada uno ocupando 0 grados de todo el zodíaco.
- **Remedios:** rituales o prácticas que se realizan para reducir o eliminar las influencias negativas de un planeta. Pueden incluir mantras, piedras preciosas, oraciones, actos caritativos, etc.
- **Signo ascendente:** véase Lagna

S

- **Sandhi: (suhn-dhee):** este término sánscrito describe el concepto de fusión o unión. En astrología védica, se utiliza para referirse a la unión o fase de transición entre dos casas o signos. Se trata de una zona sensible que puede influir en los efectos y la interpretación de las posiciones planetarias y en el flujo de energía entre los distintos aspectos vitales.
- **Sánscrito (suhn-skrit):** lengua sagrada en el jainismo, el budismo y el hinduismo, utilizada en múltiples escrituras y textos.
- **Sanyasi (suhn-yuh-see):** persona que se ha declarado libre de posesiones materiales y ha seguido en su lugar el camino espiritual.
- **Saptamamsha (suhp-tuh-muhm-shuh):** la carta D-7 es otra carta divisional/Varga que ayuda a proporcionar información sobre los hijos de un individuo. Se utiliza al evaluar su casa 5 en la carta natal.
- **Saptvishansh (suhp-tuh-vee-shahn-shuh):** se refiere a una carta divisional llamada D-27, utilizada en el análisis de las capacidades y la fuerza de un individuo basándose en las posiciones de los planetas.

- **Shadvarga (shuhd-vuhr-guh):** se traduce como seis cartas, que son la Hora, la Drekkana, la Saptamsha, la Navamsha, la Dwadamsha y la Vishamsha. El más importante de ellos es el Navamsha, que suele utilizarse con la carta Rashi.

- **Shashtyamsa (shuhsh-tee-uhm-suh):** también conocida como D-60, esta carta Varga/divisional determina los acontecimientos buenos o malos en la vida de una persona.

- **Shirshodaya (sheer-shoh-dah-yuh):** signos que se elevan en el Este durante la salida del sol; los signos son Acuario, Géminis, Leo, Libra, Escorpio y Virgo.

- **Shodasamsa (shoh-duh-suhm-suh):** la carta D-16 es una carta divisional/Varga que ayuda al astrólogo a obtener más información sobre lujos, accidentes, problemas y muertes relacionadas con vehículos en la carta natal de un individuo.

- **Shukla Paksha (shook-luh puhk-shuh):** la mitad clara del mes lunar, cuando la Luna es creciente.

- **Zodíaco sideral (sy-deer-ee-uhl zoh-dee-ak):** el zodíaco fijo es el más utilizado en astrología védica, ya que indica las constelaciones reales y sus movimientos en un momento dado.

- **Signo:** una constelación zodiacal.

- **Sthira (sthee-ruh):** los signos fijos.

T

- **Tajika (tuh-jee-kuh):** son el equivalente védico de los principales aspectos utilizados en la astrología occidental: conjunción, oposición, cuadratura, trígono y sextil. Miden los aspectos entre los planetas y no entre planetas y signos.

- **Trik (trihk):** colectivamente la 6ª, 8ª y 12ª, o casas poco propicias - véase Dusthana.

- **Trimasamsa (tree-muh-suhm-suh):** se trata de un tipo diferente de carta divisional. Es la 30ª armónica, pero no parece tener mucho que ver con la división de un signo por 30. Hay cinco divisiones, ninguna de ellas igual, y no se menciona a Leo ni a Cáncer. Sin embargo, sí da información importante sobre cuestiones de salud y mala suerte.

- **Trishansh (trih-shahn-shuh):** la D-30 es una carta divisional/Varga utilizada por un astrólogo para determinar los retos a los que puede enfrentarse un individuo en el futuro. Puede indicar mala salud, mala suerte y problemas futuros.
- **Zodíaco tropical:** es el zodíaco utilizado habitualmente por los astrólogos occidentales y se conoce como el zodíaco «móvil»; a diferencia de la astrología sideral, no utiliza constelaciones naturales.

U

- **Ubhayodaya (oob-huh-yoh-dah-yuh):** planeta ascendente por ambos lados con algunas características de un planeta ascendente por delante y otras de un ascendente por detrás. Solo hay un planeta: Piscis.
- **Upachaya (oo-puh-chuh-yuh):** colectivamente las casas 3ª, 6ª, 10ª y 11ª. Upachaya se traduce como «mejorando» porque los planetas de esas casas aumentan su influencia y su fuerza con el tiempo. Este es especialmente el caso de la casa 11.
- **Upagrahas (oo-puh-gruh-huhs):** son puntos matemáticos adicionales o cuerpos planetarios utilizados en la astrología védica, que representan ciertas condiciones o influencias, por ejemplo, Mandi (financiero) y Gulka (desgracia).

V

- **Cartas Varga:** son cartas divisionales utilizadas por los astrólogos védicos para proporcionar más información sobre ciertos aspectos de la vida de un individuo. Cada carta se centra en un aspecto determinado.
- **Vata (vuh-tuh):** este dosha del Ayurveda está regido por una combinación de aire y espacio (éter).
- **Astrología védica:** véase Jyotish.
- **Vimshotari Dasha (vim-shoh-tuh-ree duh-shuh):** el sistema de Dasha más utilizado, también llamado Udu Dasha.
- **Vishamsa (vee-shahm-suh):** la carta D-20 es una carta divisional/Varga utilizada por un astrólogo para determinar detalles sobre las inclinaciones espirituales y religiosas de un individual.

Y

- **Yoga (yoh-guh):** en Jyotish, yoga indica una combinación, normalmente de al menos dos planetas o un planeta/signo, o planeta/casa, que suele implicar el aspecto de otro planeta. A veces intervienen más de dos planetas.

- **Yogakaraka (yoh-guh-kah-ruh-kuh):** se trata de un planeta significativamente fuerte que crea combinaciones auspiciosas de yogas en la carta natal de un individuo. Este planeta puede traer éxito, prosperidad y resultados positivos.

Z

- **Zodíaco:** consta de doce divisiones equidistantes en un círculo de 360 grados. Cada división de 30 grados recibe el nombre de una constelación determinada, y se conocen como Rashis en astrología védica.

Conclusión

Gracias por leer "Los Nodos Lunares: Desvele los secretos de los Navagrahas, su carta natal, el karma, el Sol y la Luna en astrología y las doce casas del zodíaco". Esperamos que lo haya disfrutado y que haya aprendido algo nuevo.

La astrología védica es completamente diferente de la occidental, y explorar los nodos lunares le brinda la oportunidad perfecta para comprender los Navagrahas y desvelar sus secretos. También obtendrá una comprensión más profunda de las doce casas y su papel en el zodiaco y en su vida.

Rahu y Ketu, los nodos lunares, son significativos en la astrología védica, ya que representan la ambición y el deseo (Rahu) y la liberación y el desapego (Ketu) Comprender los nodos lunares en relación con su carta natal puede ayudarle a entender qué lecciones debe aprender de esta vida y las huellas kármicas de sus vidas pasadas. Ahora debería comprender que las doce casas representan diferentes aspectos de su vida. Aunque cada una se centra en un área específica, observar las doce puede darle una visión general perfecta de su vida.

Todo ello le permitirá comprender su vida, descubrir patrones ocultos, entender su viaje kármico y tomar las decisiones correctas en la vida. Ahora puede vivir de forma más consciente, comprender su verdadero potencial y tomar el camino correcto con mayor autoconciencia y sabiduría.

Con este libro ha emprendido un viaje increíblemente espiritual, pero esto es solo el principio. Tómese un tiempo para mejorar su comprensión y aprender cómo influyen los nodos lunares en su vida.

Vea más libros escritos por Mari Silva

Su regalo gratuito

¡Gracias por descargar este libro! Si desea aprender más acerca de varios temas de espiritualidad, entonces únase a la comunidad de Mari Silva y obtenga el MP3 de meditación guiada para despertar su tercer ojo. Este MP3 de meditación guiada está diseñado para abrir y fortalecer el tercer ojo para que pueda experimentar un estado superior de conciencia.

https://livetolearn.lpages.co/mari-silva-third-eye-meditation-mp3-spanish/

¡O escanee el código QR!

Referencias

""As You Sow so Shall You Reap" Karma Astrology Works in That Way Darling!". GaneshaSpeaks, www.ganeshaspeaks.com/predictions/astrology/fruits-of-karma/.

"CHARACTERISTICS of the TWELVE CASAS in ASTROLOGY". Vedic Astro Zone, 1 Apr. 2017, vedicastrozone.com/characteristics-of-the-twelve-Casas-in-astrology/.

"Decoding the Different Types of Birth Chart Formats". Jothishi, 2 Oct. 2020, jothishi.com/different-birth-chart-formats/.

"Don't Resonate with Your Sol Sign? Give Vedic Astrology a Try". Cosmopolitan, 6 Apr. 2022, www.cosmopolitan.com/lifestyle/a39642096/vedic-astrology/.

"Eclipsing Effects of Rahu and Ketu in Astrology". GaneshaSpeaks, www.ganeshaspeaks.com/astrology/planets/nodes/.

"Essentials of Vedic Astrology: Elements & Basic Principles". Jothishi, 20 Sept. 2019, jothishi.com/essentials-of-vedic-astrology/#:~:text=came%20into%20being.-

"Everything You Need to Know about Sidereal Astrology". Thought Catalog, Thought Catalog, 15 Jan. 2019, thoughtcatalog.com/Enero-nelson/2019/01/sidereal-astrology/.

"Casas in Horoscope- Bhava, Casas in Your Birth Chart, 12 Astrology Casas". Www.astrodevam.com, www.astrodevam.com/knowledge-bank/bhavas-Casas.html.

"How to Interpret North Nodes & South Nodes to Find Your True Purpose". Mindbodygreen, 28 Dec. 2020, www.mindbodygreen.com/articles/astrology-101-north-nodes-south-nodes-reveal-your-life-purpose#:~:text=Astrologers%20use%20the%20lunar%20nodes.

"Luna's Nodes". Www.astro.com, www.astro.com/astrology/in_dg_node_e.htm. .

"Navagraha - the Nine Planets in Hindu Astrology - Effects, Elements, Temple Details". TemplePurohit - Your Spiritual Destination | Bhakti, Shraddha Aur Ashirwad, 15 Mar. 2019, www.templepurohit.com/navagraha-nine-planets-hinduism-astrology/.

"Navagrahas". Myths and Folklore Wiki, mythus.fandom.com/wiki/Navagrahas.

"Outlook India Magazine Online- Read Today's News India, Latest News Analysis, World, Sports, Entertainment | Best Online Magazine India". www.outlookindia.com/.

"Remedies - Effective Astrological Remedies to Improve Life!". Www.astroyogi.com, www.astroyogi.com/remedies#:~:text=What%20is%20the%20Astrological%20Remedy.

"Rising Sign Calculator - Find Your Ascendant Sign". GaneshaSpeaks, www.ganeshaspeaks.com/kundli-ascendant-sign.

"Significance of Navagraha". GaneshaSpeaks, www.ganeshaspeaks.com/predictions/astrology/navagraha/.

"Understanding the Casas in Vedic Astrology". Vinay Bajrangi, www.vinaybajrangi.com/astrology-Casas.php.

"What Are Karmic Debt Numbers? All about Karmic Debt Numbers". Astrotalk, astrotalk.com/numerology-introduction/karmic-debt.

"What Is Karmic Astrology? | Zodiac Psychics Blog". Www.zodiacpsychics.com, www.zodiacpsychics.com/article/what-is-karmic-astrology.html.

Astrology, Om. "Yogas and Doshas in Birth Chart/Horoscope - Indian Vedic Astrology". Om Astrology, www.omastrology.com/indian-vedic-astrology/yogas-doshas/.

Door, Ayurveda Next. "How to Read Your Vedic Birth Chart in 5 Easy....". Spirituality+Health, 9 Nov. 2015, www.spiritualityhealth.com/articles/2015/11/09/how-read-your-vedic-birth-chart-5-easy-steps.

"What Is Vedic Astrology? Learn the Signs, Planets, Nakshatras & More". Popular Vedic Science, 10 Oct. 2019, popularvedicscience.com/astrology/what-is-astrology/.

Kelly, Aliza. "Astrology Birth Charts 101". The Cut, 22 Aug. 2022, www.thecut.com/article/astrology-birth-chart-meaning-analysis.html#:~:text=An%20astrological%20birth%20chart%20%E2%80%94%20also.

Mukherjee, Sayani. "A Brief Introduction to Nakshatra Analysis". Vedic Astrology, 15 Nov. 2018, artofdivinescience.wordpress.com/2018/11/15/a-briefintroduction-to-nakshatra-analysis/.

Sirdesai, Narayan. "Karma and Economics". The Economic Times, 14 Oct. 2022, economictimes.indiatimes.com/opinion/speaking-tree/karma-and-economics/articleshow/94845689.cms?from=mdr.

Stardust, Lisa. "Literally Everything You Need to Know about Understanding Nodes in Your Birth Chart". Cosmopolitan, 26 Jan. 2022, www.cosmopolitan.com/lifestyle/a30198931/north-south-node-meaning-placement-birth-chart/.

Thomas, Kyle. "What Exactly Is an "Aspect" in Astrology?". Cosmopolitan, 15 Mar. 2022, www.cosmopolitan.com/lifestyle/a37341996/astrology-aspects-list/.

Fuentes de imágenes

[i] *Ricraider, CC BY-SA 3.0 <https://creativecommons.org/licenses/by-sa/3.0>, vía Wikimedia Commons: https://commons.wikimedia.org/wiki/File:Mayan_Temple_of_the_Sun.jpg*

[ii] *Daderot, CC0, vía Wikimedia Commons: https://commons.wikimedia.org/wiki/File:Navagraha_(anthropomorphic_forms_of_astronomical_bodies),_Bihar,_India,_10th_century_AD,_schist_-_San_Diego_Museum_of_Art_-_DSC06389.JPG*

[iii] *https://commons.wikimedia.org/wiki/File:Lunar_eclipse_diagram-it.svg*

[iv] *Rama19920, CC BY-SA 4.0 <https://creativecommons.org/licenses/by-sa/4.0>, vía Wikimedia Commons: https://commons.wikimedia.org/wiki/File:Rahu_ketu-900x900.png*

[v] *Rajeshodayanchal, CC BY-SA 3.0 <https://creativecommons.org/licenses/by-sa/3.0>, vía Wikimedia Commons: https://commons.wikimedia.org/wiki/File:Bhava-chakra.svg*

[vi] *https://unsplash.com/photos/r2nJPbEYuSQ?utm_source=unsplash&utm_medium=referral&utm_content=creditShareLink*

[vii] *Chrish73, CC BY-SA 4.0 <https://creativecommons.org/licenses/by-sa/4.0>, vía Wikimedia Commons: https://commons.wikimedia.org/wiki/File:Horoscope_-_where_to_find_ascendant_descendant_and_midheaven_sign.jpg*

[viii] *https://pixabay.com/id/vectors/bagan-astrologi-veda-perbintangan-7156516/*

[ix] *https://unsplash.com/photos/1Vd5b63876g?utm_source=unsplash&utm_medium=referral&utm_content=creditShareLink*